Das bietet Ihnen die CD-ROM

- **Muster für Deckblätter, Lebensläufe und Anschreiben**
- **Die wichtigsten Adressen**
- **Checklisten zur Vorbereitung der Bewerbung**

Profile zur Selbsteinschätzung und Standortbestimmung, u. a.

- Handlungsorientierung
- Teamorientierung
- Analytisches Denken
- Arbeitsverhalten
- Motivationsprofil
- Persönliche Werte
- Kompetenzen
- Führungsmotivation
- Durchsetzungsvermögen

Deckblätter

Muster zur Übernahme in Ihre Textverarbeitung

Anschreiben

Beispiele und Muster zur Übernahme in Ihre Textverarbeitung

Lebensläufe

Beispiele und Muster zur Übernahme in Ihre Textverarbeitung

Die „dritte Seite"

Beispiele zur Übernahme in Ihre Textverarbeitung

Online-Bewerbungen

Beispiele zur Übernahme in Ihre Textverarbeitung

Adressen

- Printmedien
- Fachmedien
- Jobbörsen
- Arbeitsämter

Checklisten

- Stellenausschreibung
- Anzeigenanalyse
- Unternehmensinformation
- Telefonkontakt
- Anschreiben
- Lebenslauf
- Zeugnisse
- Das richtige Foto
- Kompetenz
- Visionen und Ziele

Überall, wo Sie das Icon sehen, finden Sie die Texte vollständig im DIN A4-Format auf der CD-ROM – direkt zum Übernehmen in Ihre Textverarbeitung.

CD-ROM

Bibliografische Information Der Deutschen Bibliothek

Die Deutsche Bibliothek verzeichnet diese Publikation in der Deutschen Nationalbibliografie; detaillierte bibliografische Daten sind im Internet über http://dnb.ddb.de abrufbar.

ISBN 3-448-06203-0 Bestell-Nr. 04042-0002

1. Auflage 2002 (ISBN 3-448-05206-X)
2., aktualisierte Auflage 2004

Redaktionsanschrift: Postfach 13 63, 82142 Planegg
Hausanschrift: Fraunhoferstraße 5, 82152 Planegg
Telefon (089) 8 95 17-0, Telefax (089) 8 95 17-2 50
Internet: http://haufe.de, E-Mail: erste-hilfe@haufe.de
Lektorat: Jasmin Jallad

Idee & Konzeption: Dr. Matthias Nöllke, Textbüro Nöllke München
Umschlaggestaltung: Luxus Medien – Daniel Gunia, 86836 Graben
Lektorat und DTP: Text+Design Jutta Cram, 86391 Stadtbergen
Druck: Schätzl Druck, 86609 Donauwörth

Michael Lorenz
Uta Rohrschneider

Meine Bewerbung

Von der Stellensuche bis zur perfekten Bewerbungsmappe

Inhalt

Vorwort

Sich erfolgreich bewerben hat viel mit Werben zu tun und darum geht es in diesem Ratgeber. Für sich werben ist immer wieder eine neue und spannende Herausforderung. Wir helfen Ihnen mit der Erfahrung aus vielen hundert Bewerberseminaren, Karrierecoachings und dem Internet-Bewerbungsservice (www.bewerberservice.de) erfolgreich und zielsicher zur nächsten beruflichen Station.

Gut gemachte Bewerbungsunterlagen sind ein kleiner Prospekt. Dieser soll für Sie werben, Sie ins richtige Licht setzen. Wir haben uns bemüht, nicht jedem modischen Trend hinterherzulaufen. Die Regeln, Ratschläge und Checklisten, die Sie in diesem Buch und auf der CD-ROM finden, geben die Essenz unserer Erfahrung wieder und überdauern kurzfristige Strömungen.

In intensiven Ausbildungen zu den Themen Personalmarketing und Personalauswahl für Personalleiter, -referenten und -berater haben wir viel über die Erwartungen der „anderen Seite" erfahren. Diese Erwartungen, Wünsche und Vorlieben der Entscheider fließen in den vorliegenden Ratgeber genauso mit ein wie die Entwicklungen auf dem Internet-Jobmarkt und bei den Online-Stellenbörsen. Wir wünschen uns, dass dies auch Ihren Blick dafür schärft, dass Sie bei einer Bewerbung in einer Verkaufssituation stehen. Sie bieten sich als „richtiger und erfolgreicher Mitarbeiter" an und wollen überzeugen.

Dieser Ratgeber ist eine Arbeitshilfe. Alle im Buch befindlichen Checklisten und Muster sowie weitere Beispiele finden Sie auch auf der beiliegenden CD-ROM. So können Sie Ihre erfolgreiche Bewerbung mit jedem Textverarbeitungsprogramm und in der von Ihnen gewünschten Schrift direkt und in klaren Schritten zügig erstellen.

Unser besonderer Dank für die Unterstützung bei der Erstellung der umfangreichen Unterlagen für dieses Buch geht an unsere Mitarbeiterin Saskia Rickmeier.

Was sollte ich wissen, bevor ich mich bewerbe?

Praxis-Beispiel

Ziele und Erwartungen

Hanna B. hat ihr Studium der Betriebswirtschaft abgeschlossen. Vor ihr stehen neue, große Herausforderungen des Berufslebens. Doch ganz klar sind ihr ihre beruflichen Ziele und Erwartungen noch nicht. Auch würde sie gerne für sich definieren, in welche Tätigkeitsbereiche sie ihre Kompetenzen besonders gut einbringen kann und was ihr für ihre zukünftige Stelle besonders wichtig ist. Sie fasst den Entschluss, sich in nächster Zeit darüber klar zu werden.

„Wer nicht weiß, was er sucht, wird alles Mögliche oder auch nichts finden." Was bedeutet dieser Satz für Ihre Karriere? Ganz einfach: Sie müssen sich, bevor Sie anfangen, Bewerbungen an diverse Unternehmen zu verschicken, erst einmal darüber klar werden, was Sie können und was Sie wollen.

Wissen, wohin die Reise geht

Dabei geht es um wichtige Fragen, die geklärt werden müssen, angefangen von: „Was für eine Persönlichkeit bin ich?" bis: „Was erwarte ich von meinem neuen Arbeitgeber?" Wir wollen Ihnen anhand von Checklisten und Fragebögen helfen, das zu klären, sodass Sie am Ende auch in der Lage sind, die entscheidende Frage zu beantworten: „Welche Stelle passt zu mir?"

Erst darauf aufbauend geht es um das professionelle Wie des Bewerbens. Die schönste Bewerbung nützt wenig, wenn Sie damit Positionen angeboten bekommen, die nicht zu Ihnen passen, und Sie und Ihr Arbeitgeber nur für kurze Zeit zufrieden sind. Zu wissen, was man will, hilft nicht nur, die richtigen Unternehmen für die Bewerbung auszusuchen und die Bewerbung zielgerichtet zu gestalten.

Im dritten Schritt des Bewerbungsprozesses – dem Bewerbungsgespräch – unterstützt Ihre Zielorientierung Sie auch dabei, die richtigen Fragen zu stellen. Denn im Bewerbungsgespräch haben Sie nur über gezielte Fragen die Möglichkeit zu prüfen, ob die angebotene Stelle wirklich „Ihre Stelle" ist.

Klärungshilfe

Damit Sie die Frage „Was will ich?“ beantworten können, bieten wir Ihnen im ersten Teil des Buchs Unterstützung bei der Klärung folgender Punkte:

- Ihre Motivation, sich zu bewerben/zu wechseln
- Ihre Erwartungen bezüglich des neuen Arbeitsplatzes
- Ihre Ziele
- Ihre fachlichen Kompetenzen
- Ihre sozialen Kompetenzen
- Ihre allgemeine Motivation
- Ihre persönliche Werte

Bewerben: Chance und Schritt ins Ungewisse

Bewirbt man sich nach Schule, Ausbildung oder Studium um seine erste Position, ist dies oft eine große Herausforderung. Man ist neugierig, kennt das Arbeitsleben noch nicht richtig und lässt alle positiven Fantasien einfließen. Es ist ein bisschen Abenteuer, viel Neugierde und die Gedanken kreisen um Chancen, Möglichkeiten und Erfolge. Das ist auch richtig und gut so – wenn Sie diese positive Energie nicht dazu verleitet, leichtfertig zu sein. Denn nicht jedes Unternehmen bietet Ihnen die gleichen Möglichkeiten und Bedingungen. Dafür sind Unternehmen, ihre Kulturen und die Mitarbeiter, die Stil und Klima bestimmen, zu vielfältig.

Vor allem für die erste und die zweite Stelle in Ihrem beruflichen Werdegang ist es wichtig, genau die Position und das Unternehmen zu finden, die zu Ihnen passen. Denn für Sie steht etwas Wichtiges auf dem Spiel: Ihre Motivation, Ihr Engagement, Ihr Leistungswille und Ihre berufliche Zukunft, für die Sie mit jedem Arbeitsplatz wichtige Bausteine setzen.

Firma und Arbeitnehmer müssen zusammenpassen

Erfolgen Ihre aktuellen Bewerbungen in einer Phase der beruflichen Neu- oder Umorientierung, haben Sie vermutlich bereits erfahren, dass Unternehmen nicht alle Wünsche ihrer Mitarbeiter erfüllen können. Sie wissen, dass man als Mitarbeiter immer auch Kompromisse eingehen muss. Sie haben erlebt, dass Unternehmen viel anbieten, dass man aber auch in die Situation kommen kann, auf zu viel Wichtiges verzichten und deswegen das Unternehmen verlassen zu müssen. Sie wissen dann, was Sie aufgeben, aber nicht, was Sie bekommen.

So, wie Sie sich auf Ihre Bewerbung vorbereiten, um sich möglichst positiv zu präsentieren, versuchen Unternehmen, sich Bewerbern möglichst attraktiv vorzustellen. Aber es stimmt leider nicht immer alles, was im Bewerbungsgespräch versprochen wird. Und genau das ist einer der wichtigen Gründe, warum Bewerbungen immer eine große Chance und zugleich ein Schritt ins Ungewisse sind. Weitere Gründe liegen vor allem in der mangelnden Kompatibilität zwischen Ihrer Person und Persönlichkeit und der Kultur des Unternehmens, den konkreten Anforderungen einer Position oder den Menschen, die in diesem Unternehmen arbeiten.

Richtige Vorbereitung

Eine Bewerbung wird nur dann eher zu einer Chance als ein Schritt ins Ungewisse, wenn Sie sich umfassend darauf vorbereiten. Damit können Sie zwar nicht alle Probleme und Fallstricke ausschließen, die Risiken aber doch deutlich verringern und auf dem Weg zur Realisierung Ihrer beruflichen Visionen ein gutes Stück vorankommen.

Zielbestimmung: Warum will ich den Arbeitgeber wechseln?

Langfristige berufliche Zufriedenheit kann nur erreicht werden, wenn man von Anfang an die Weichen richtig stellt, das heißt: sich das richtige Unternehmen und das richtige Umfeld aussucht. Was passt und was nicht, ist von mehreren Faktoren abhängig. Die nachfolgenden Übersichten helfen Ihnen, für sich selbst Klarheit zu gewinnen, auf welche Positionen Sie sich bewerben sollten und welche nicht zu Ihnen passen werden. Bewerben Sie sich um Ihre erste Position und können noch nicht auf Erfahrungen zurückgreifen, dann versuchen Sie, für die einzelnen Faktoren zu definieren, was Sie sich wünschen und was für Sie inakzeptabel ist.

Was brauche ich an meinem Arbeitsplatz?

Checkliste

Was gefällt mir wie gut an meinem aktuellen Arbeitsplatz?	Bitte ankreuzen	Was ich mir für den neuen Arbeitsplatz wünsche
■ Unternehmenskultur	☺ 😐 ☹	
■ Klima	☺ 😐 ☹	
■ Führungsstil	☺ 😐 ☹	

■ Zusammenarbeit mit Kollegen	☺ 😐 ☹	
■ Arbeiten im Team	☺ 😐 ☹	
■ wahrzunehmende Aufgaben	☺ 😐 ☹	
■ projektbezogenes Arbeiten	☺ 😐 ☹	
■ Lage/Ort des Unternehmens	☺ 😐 ☹	
■ Arbeitszeiten	☺ 😐 ☹	
■ Sozialleistungen	☺ 😐 ☹	
■ Anfahrtweg	☺ 😐 ☹	
■ Arbeitsplatzausstattung	☺ 😐 ☹	
■ Gehalt	☺ 😐 ☹	
■ Weiterbildungsmöglichkeiten	☺ 😐 ☹	
■ Möglichkeiten der internen	☺ 😐 ☹	
Beförderung	☺ 😐 ☹	
■ Grad der Selbstständigkeit	☺ 😐 ☹	
■ Verantwortungsspanne	☺ 😐 ☹	
■ Führungsverantwortung	☺ 😐 ☹	
■ Fachverantwortung	☺ 😐 ☹	
■ Sonstiges	☺ 😐 ☹	

Das sollte an meinem neuen Arbeitsplatz unbedingt erfüllt sein:	**Das sollte nicht gegeben sein:**

Sammeln Sie Informationen

Anhand Ihrer Überlegungen und der Ergebnisse, was Ihnen bei einer neuen Stelle besonders wichtig ist, können Sie schon viel besser überprüfen, ob ein Arbeitgeber diese Kriterien erfüllt oder nicht. Nicht alles ist aus einer Stellenausschreibung zu erkennen, zumal hier natürlich auch geworben wird. Weitere Informationen gewinnen Sie im Verlauf des Bewerbungsprozesses, z. B. über den Stil, wie Bewerbungen gehandhabt werden und wie mit Bewerbern umgegangen wird.

Für Ihr Vorstellungsgespräch wissen Sie jetzt, bei welchen Aspekten Sie gründlich nachfragen sollten. Konzentrieren Sie sich dabei auf die Dinge, die Ihnen wirklich wichtig sind, die Sie also mit Priorität A (hohe Bedeutung und unverzichtbar) versehen würden. Ihre Wünsche und die für Sie nicht akzeptablen Faktoren an einem Arbeitsplatz können Sie in folgende Übersichten eintragen.

Was muss in der neuen Stelle gegeben sein?

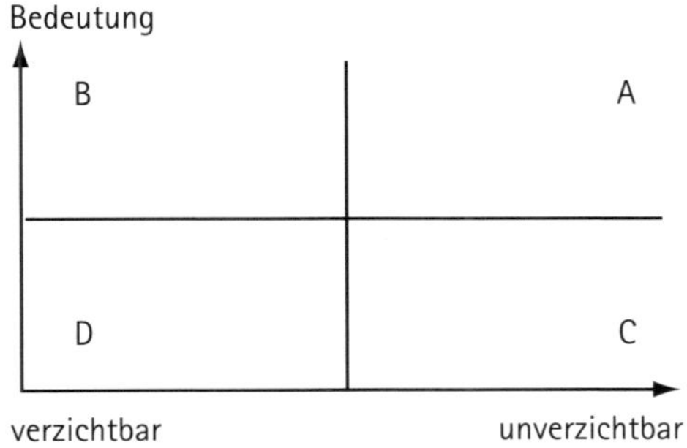

Interpretation der Felder

A = große persönliche Bedeutung, nicht verzichtbar, muss unbedingt gegeben sein, andernfalls nehme ich die Stelle nicht (z. B. eine Position mit Führungsverantwortung).

B = große persönliche Bedeutung, ich kann aber darauf verzichten, wenn es nicht anders geht (z. B. eine Position mit gleitender Arbeitszeit).

C = geringere persönliche Bedeutung, aber aus bestimmten Gründen unverzichtbar (z. B. gute Anbindung an öffentliche Verkehrsmittel).

D = geringere persönliche Bedeutung und verzichtbar (z. B. Vorhandensein einer Kantine).

Was sollte in der neuen Stelle auf keinen Fall gegeben sein?

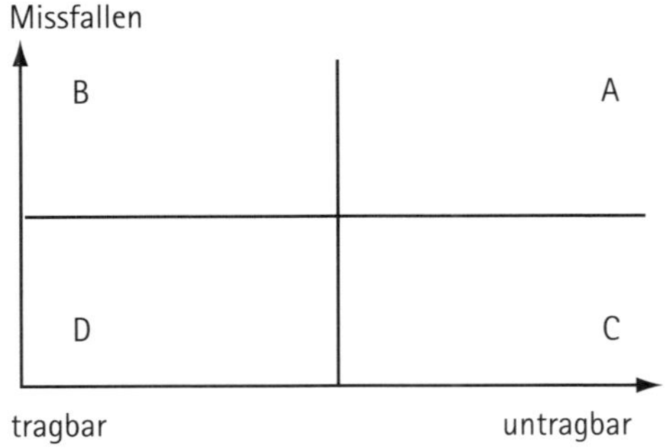

Die Felder A, B, C, D, entsprechen in ihrer Bedeutung der Beschreibung zur ersten Vier-Felder-Grafik. Tragen Sie die Variablen – Gegebenheiten die Sie an Ihrem neuen Arbeitsplatz nicht oder nicht mehr haben wollen – ein.
Mit der Vier-Felder-Grafik haben Sie noch einmal Gelegenheit, sich die Bedeutung der Faktoren, die für Sie am Arbeitsplatz wichtig sind, zu verdeutlichen.

Konzern oder Mittelstand – was passt zu mir?

Beschreibungskriterien

Einige Aspekte, die Ihnen wichtig sind, können Sie schon anhand der Branche und der Unternehmensgröße prüfen bzw. grob einschätzen. Denn Branche und Größe sowie oft auch das Alter eines Unternehmens beeinflussen seine Kultur, seine Struktur und seine Leistungsfähigkeit. Die in der nächsten Übersicht aufgeführten Beschreibungskriterien bieten Anhaltspunkte und sollten als allgemein gültig verstanden werden. Die Kriterien können im Einzelfall aber sehr stark abweichen.

Konzern/Großunternehmen

- häufig wegen der Größe unübersichtliche Struktur
- aufgaben- und kompetenzorientierte hierarchische Gliederung
- Verantwortung steigt mit der Position
- spezialisierte Aufgabenfelder (jeder beschäftigt sich eher mit einem eng umgrenzten Aufgabenbereich)
- geregelte Arbeitszeiten
- starker Betriebsrat
- meist gute Sozialleistungen
- gutes Angebot an internen Weiterbildungs- und Personalentwicklungsmaßnahmen
- Möglichkeiten zum internen Aufstieg meist vielfältiger
- in den Strukturen und Abläufen oft starr und schwerfällig
- häufig lange Entscheidungswege

Kleine und mittelständische Unternehmen

- meist sehr klare Hierarchie, bei eigentümergeführten Unternehmen oft deutlich an diesen ausgerichtet
- Starrheit der Hierarchie ist abhängig von Kultur, Branche und Alter des Unternehmens
- Verantwortungsrahmen ist mitunter sehr hierarchieabhängig
- weniger Möglichkeiten zum internen Aufstieg durch flachere Strukturen und begrenztere Positionen
- häufig wenige oder fehlende Angebote im Bereich Weiterbildung und Personalentwicklung
- Aufgabenspektrum des Einzelnen tendenziell breiter
- Entscheidungsschnelligkeit und -wege sind abhängig von der Starrheit der Hierarchie, häufig können sie kurz und schnell sein
- in Struktur und Abläufen tendenziell etwas flexibler

Wichtig: die Branche

Hinsichtlich kleiner und mittelständischer Unternehmen ergeben sich die wesentlichen Unterschiede weniger aus der Größe als vielmehr aus der Branche, der sie angehören. In den traditionellen Industrie- und Wirtschaftszweigen finden Sie oft Unternehmen mit klaren Strukturen und Regeln. Bei ihnen besteht die Gefahr, dass sie sich hinsichtlich Entscheidungsfreiraum, Verantwortungsbereich und Flexibilität von großen Unternehmen kaum unterscheiden. Grundsätzlich können Prozesse und Entscheidungen in kleineren Unternehmen aber häufig flexibler gehandhabt werden.

Jüngere Industrie- und Wirtschaftszweige

Anders sieht es oft in den jüngeren Industrie- und Wirtschaftszweigen aus. Gerade in den Branchen Informationstechnologie, Medien, Biotechnologie und Telekommunikation sind die Strukturen oft nicht festgelegt und noch im Entstehen begriffen. Das heißt auf der einen Seite, dass das Aufgabenspektrum größer sein kann, die Tätigkeiten schneller wechseln oder sich verändern können und Mitarbeitern mehr Selbstständigkeit und Verantwortung übertragen wird. Auf der anderen Seite besteht häufig viel Durcheinander und Strukturlosigkeit – liebevoll als „kreatives Chaos“ bezeichnet; das muss man mögen.

Experten-Tipp

Möglichkeiten umfassend prüfen

Vernachlässigen Sie kleine und mittlere Unternehmen bei Ihrer Arbeitgeberwahl nicht vorschnell. Auch wenn der glänzende Name fehlt: Sie bieten oft interessante Positionen mit hoher Verantwortung und der Chance, das eigene Können unter Beweis zu stellen.

Was will ich erreichen? Meine Ziele

Privat- und Berufsleben aufeinander abstimmen

Sich zu bewerben heißt, wesentliche Bausteine für die berufliche Karriere zu setzen. Die richtigen Schritte für Ihre langfristige berufliche Entwicklung können Sie aber nur dann tun, wenn Sie wissen, was Sie eigentlich erreichen wollen. Dies gilt für Ihr Privat- *und* Ihr Berufsleben – denn beide müssen miteinander vereinbar sein. Vielleicht suchen Sie eine Tätigkeit z. B. im Vertrieb oder in der Beratung, die viele internationale Reisen erfordern. Fremde Länder und Kulturen sind für viele Menschen eine große und spannende Herausforderung. Was aber sagt Ihre Partnerin, Ihr Partner dazu? Haben Sie Kinder, potenzieren sich die Bedürfnisse der Familie. Auch andere, ganz alltägliche Fragen sind damit verbunden: Welche sozialen Verpflichtungen haben Sie neben Ihrer Berufstätigkeit, welche privaten Interessen und Hobbys? Lässt sich all das mit dem Job vereinbaren oder müssten Sie auf zu vieles verzichten?

Bei der Klärung Ihrer beruflichen Ziele soll Ihnen die nachfolgende Checkliste helfen:

Checkliste

Checkliste: Meine Visionen und Ziele

Reflexion	Anmerkung
Mein negativstes berufliches Erlebnis im letzten Jahr	
Mein schönstes berufliches Erfolgserlebnis im letzten Jahr	
Meine besten Eigenschaften	
Meine herausragenden Fähigkeiten	

Was stelle ich mir für meine private Zukunft in drei Jahren vor?	
Was stelle ich mir für meine berufliche Zukunft in drei Jahren vor?	
Was stelle ich mir für meine private Zukunft in fünf Jahren vor?	
Was stelle ich mir für meine berufliche Zukunft in fünf Jahren vor?	
Was stelle ich mir für meine private Zukunft in zehn Jahren vor?	
Was stelle ich mir für meine berufliche Zukunft in zehn Jahren vor?	
Was will ich in drei Jahren verwirklicht haben?	
Welche Rolle möchte ich in drei Jahren spielen?	
Wie soll meine Umgebung in drei Jahren aussehen?	
Von welchen Personen möchte ich in drei Jahren umgeben sein?	
Welche Fähigkeiten möchte ich in drei Jahren besitzen?	
Was will ich in fünf Jahren verwirklicht haben?	
Welche Rolle möchte ich in fünf Jahren spielen?	
Wie soll meine Umgebung in fünf Jahren aussehen?	
Von welchen Personen möchte ich in fünf Jahren umgeben sein?	
Welche Fähigkeiten möchte ich in fünf Jahren besitzen?	
Meine Ziele für die nächste berufliche Station	

Bewerben heißt sich verkaufen

Praxis-Beispiel

Selbsteinschätzung bringt Klarheit

Erik M. sucht eine neue berufliche Herausforderung. Er will seine persönlichen Kompetenzen, aber auch sich als Person zukünftig besser einbringen können, als ihm das bisher möglich war. Er hat von einem Freund Checklisten bekommen, die ihn dabei unterstützen, sich selbst einzuschätzen. Danach wird er mehr Klarheit darüber haben, wo seine besonderen Stärken, seine Erfahrungen etc. liegen. Dieses Wissen wird nicht nur ihm mehr Orientierung geben. Er kann es für alle Vorstellungsgespräche nutzen.

Was hat eine Bewerbung mit dem Verkaufen zu tun? Aus unserer Sicht gibt es da keinen Unterschied. Mit jeder Bewerbung und jedem Bewerbungsgespräch versuchen Sie, sich einem Unternehmen als Mitarbeiter und das Unternehmen sich Ihnen als „der richtige Arbeitgeber" zu verkaufen. Wenn man so will, sind Sie und Ihre Kompetenzen – all das, was Sie als Mitarbeiter zu bieten haben – das Produkt, das anzupreisen ist.

Sich selbst verkaufen

Erfolgreich verkaufen kann man nur das, was man gut und genau kennt. Wenn Sie im Bewerbungsgespräch nicht hilflos nach einer Antwort auf die Fragen „Was sind Ihre Stärken?", „Was zeichnet Sie besonders aus?" oder „Warum sollten wir gerade Sie einstellen?" suchen wollen, müssen Sie sich über Ihre Kompetenzen ein klares Bild verschaffen.

Wenn wir von Kompetenzen sprechen, meinen wir nicht nur Ihre fachlichen Qualifikationen, sondern auch Ihre sozialen Kompetenzen, Ihre Führungskompetenzen, Ihre Selbstorganisation und weitere Fähigkeiten, die Sie erfolgreich werden lassen.

In der von Ihnen gewählten Position sollten Sie Ihre Stärken optimal einbringen und weiterentwickeln können und nicht täglich mit Ihren Defiziten kämpfen müssen. Was nützt Ihnen eine gut dotierte Vertriebsposition, wenn Sie kein verkäuferisches Potenzial haben? Und was machen Sie in einem spannenden Controlling-Job, wenn es Ihnen schwer fällt, sich jeden Tag aufs Neue mit Zahlen auseinander zu setzen?

Nehmen Sie sich die Zeit, um Ihre fachlichen Kompetenzen noch einmal zu reflektieren und sich mit Ihren sozialen und organisatorischen Kompetenzen auseinander zu setzen.

Welche fachlichen Kompetenzen habe ich?

Fachliches Kompetenzprofil

Das „fachliche Kompetenzprofil" beinhaltet Ausbildungen, berufliche Erfahrungen, Zusatz- und Weiterbildungen und weitere Kenntnisse. Es geht darum, die Frage „Was habe ich zu bieten?" zu beantworten, und zwar konkret im Hinblick auf die Position, für die Sie sich bewerben.

Qualifikation	Abschluss/Note/Zertifizierung/Erfahrung/Anmerkung
Höchster Schulabschluss	
Ausbildungsabschluss	
Abschluss Fachhochschule	
Abschluss Universität	
Zusatzausbildung	
Weiterbildung	
Sprachkenntnisse	
EDV-Kenntnisse	
Berufserfahrung	
Vertriebserfahrung	
Führungserfahrung	
Beratungserfahrung	
Auslandserfahrung	
Sonstige Erfahrung	
Berufliche Erfolge (welche Ergebnisse habe ich in der letzten Position erzielt?)	

Realistische Einschätzung ist das Ziel

Experten-Tipp

Unterschätzen Sie das, was Sie bisher gemacht haben, nicht. Denken Sie daran: Jede Qualifikation beweist Ihre Leistungsfähigkeit und ist damit ein Verkaufsargument. Das ist besonders für Berufsanfänger wichtig.

Wie ist es mit den Jobs, die Sie während Ihres Studiums hatten? Auch dabei haben Sie wichtige Erfahrungen gesammelt. Beim Kellnern geht es z. B. um kundenorientiertes Verhalten, Schnelligkeit, Flexibilität, Belastbarkeit und eine gesunde Portion Stressresistenz. Gerade, wenn Sie sich nach dem Studium auf eine erste Position bewerben, gilt es, dem zukünftigen Arbeitgeber diese Erfahrungen und gewonnenen Kompetenzen als Plus zu verkaufen.
Mit den oben erwähnten zwischenmenschlichen oder sozialen Kompetenzen werden wir uns im nächsten Kapitel auseinander setzen.

Was sind meine wichtigsten sozialen Kompetenzen?

Wichtig für beruflichen Erfolg

Die sozialen Kompetenzen spielen für ein erfolgreiches Berufsleben eine immer größere Rolle. Gerade in unsicheren Marktsituationen, Zeiten von Veränderungen, Neuausrichtungen und Fusionen wird von den Mitarbeitern hinsichtlich ihrer sozialen Fähigkeiten viel verlangt. Aber auch der normale Unternehmensalltag erfordert Kommunikations- und Teamfähigkeit, Selbstmanagement und Problemlösefähigkeit.
Nicht jede Position verlangt dieselben Kompetenzen im selben Umfang. Von einer Führungskraft wird ein anderes Maß an sozialen Fähigkeiten erwartet als von einem Entwickler, und ein Vertriebsmitarbeiter braucht andere Kompetenzen als ein Controller.

Die richtige Entscheidung treffen können

Experten-Tipp

Die sozialen Kompetenzen, die Sie mitbringen, prädestinieren Sie mehr oder weniger für bestimmte Positionstypen. Wesentlich ist für Sie zu wissen, wo Ihre Stärken liegen und welche Tätigkeit vor diesem Hintergrund zu Ihnen passt.

Sie finden hier die Möglichkeit, durch eine Selbsteinschätzung Ihrer Verhaltenstendenzen mehr Informationen über Ihr persönliches Kompetenzprofil zu gewinnen. Alle im sozialen Verhalten relevanten Fähigkeiten vollständig aufzunehmen würde den Rahmen dieses Buchs sprengen. Wir beschränken uns daher auf die wichtigsten fachübergreifenden Kompetenzen.

Ehrliche Antworten

Wenn Sie die Selbsteinschätzung bearbeiten, werden Sie einen echten Informationsgewinn nur dann bekommen, falls Sie wirklich entsprechend Ihrem realen Verhalten antworten. Es geht nicht darum, was „man“ vielleicht für besser hält, sondern darum, klarer beschreiben zu können, wo die eigenen Stärken liegen, damit man sich nach einer passenden Stelle umsehen kann.

Nachfolgend können Sie sich Ihr persönliches Kompetenzprofil erarbeiten. Dabei geht es nicht um „gut“ oder „schlecht“, sondern um die Ausprägung einer Kompetenz oder einer Verhaltenstendenz auf einer Skala.

Prüfen Sie, welche Aussage besser zu Ihnen passt, und kreuzen Sie den entsprechenden Wert an. Dann bilden Sie die Summe über alle Einzelantworten einer Dimension. Diesen Wert teilen Sie bitte durch die Anzahl der Aussagen, die Sie pro Dimension beantwortet haben. Der Wert, den sie so ermittelt haben, beschreibt Ihre persönliche Verhaltenstendenz auf dieser Dimension.

Verhaltenstendenzen

Ihre Verhaltenstendenzen geben Ihnen darüber Auskunft, wo Ihre Stärken liegen. Damit bekommen Sie Informationen, die verdeutlichen, worauf Sie bei einer Entscheidung für eine Stelle achten sollten – ist die Position so ausgestaltet, dass Sie Ihre Stärken dort einbringen können, oder werden eher Kompetenzen gefordert, die Ihnen nicht so liegen? Diese Informationen können Sie in der Phase der Bewerbung nutzen, um schon die Stellenausschreibungen dahingehend zu prüfen, ob die Position überhaupt für Sie in Frage kommt.

Analytisches Denken

Neigen Sie zu detailorientiertem Denken? Sind Sie jemand, der sich in umfangreichen Unterlagen festbeißen und komplexe Informationen mit großer Aufmerksamkeit durchdringen kann? Oder sind Sie jemand, der sich gern einen groben Überblick verschafft, an der Erarbeitung von Detailinformationen aber nur wenig Freude hat und den zu langes, intensives Arbeiten mit umfangreichen Dokumenten und Unterlagen ungeduldig macht?

Bei umfangreichen Materialien und komplexen Aufgaben ...		**Bei umfangreichen Materialien und komplexen Aufgaben ...**
... setze ich mich tief gehend und differenziert mit den Inhalten auseinander.	7 6 5 4 3 2 1	... setze ich mich eher überblicksartig sichtend mit den Inhalten auseinander.
... verwende ich viel Zeit auf die Analyse von Detailinformationen.	7 6 5 4 3 2 1	... verschaffe ich mir einen Gesamtüberblick.
... arbeite ich auch Feinheiten und Einzelaspekte heraus.	7 6 5 4 3 2 1	... erarbeite ich die wesentlichen Vernetzungen und Grundtendenzen.
... prüfe ich Details auf ihren Informationswert.	7 6 5 4 3 2 1	... erarbeite ich mir übergeordnete Problemfelder und Zusammenhänge.
... laufe ich manchmal Gefahr, die Gesamtzusammenhänge aus dem Blick zu verlieren.	7 6 5 4 3 2 1	...neige ich schon mal dazu, wichtige Details zu übersehen.
Summe: .../5 = Ergebniswert:		

Problemlöseverhalten

Die Analyse ist die eine, die Herangehensweise an Problemlösungen die andere Seite. Bevorzugen Sie Lösungen, die auch Detailfragen gerecht werden, oder ist es Ihnen wichtiger, dass im Großen und Ganzen eine gute Lösung gefunden wird? Unterschiedliche Tätigkeiten stellen hier unterschiedliche Anforderungen an Sie und Ihre Fähigkeit, sich mit einer Materie tiefer auseinander zu setzen oder aber schnell übergreifende Lösungen zu finden.

Bei der Suche nach Problemlösungen ...		**Bei der Suche nach Problemlösungen ...**
... suche ich auch Lösungen für Detailaspekte (und Fragestellungen).	7 6 5 4 3 2 1	... ist mir primär eine übergreifende Problemlösung wichtig/will ich eine Gesamtlösung erreichen.

... bereite ich meine Entscheidungen rational vor.	7 6 5 4 3 2 1	... greife ich für meine Entscheidungen auf Intuition und Erfahrungen zurück.
... ist mir besonders wichtig, dass meine Lösungsvorschläge gut durchdacht und logisch begründbar sind.	7 6 5 4 3 2 1	... müssen die Lösungsvorschläge primär pragmatisch sein.
... erinnere ich mich leicht an Detailinformationen und nutze sie.	7 6 5 4 3 2 1	... vergesse ich schon mal, alle Detailinformationen einzubeziehen.
... ist es mir wichtig, detaillierte Vorschläge zur Verbesserung der betriebswirtschaftlichen Ergebnisse einzubringen.	7 6 5 4 3 2 1	... achte ich nicht immer im Detail auf die Verbesserung betriebswirtschaftlicher Ergebnisse.
Summe: .../5 = Ergebniswert:		

Arbeitsverhalten

Wie organisieren Sie sich selbst? Wie teilen Sie sich Ihre eigene Zeit ein – eher geplant und genau oder großzügig und intuitiv? Ihre Selbstorganisation und Strukturiertheit bei der Wahrnehmung der an Sie gestellten Aufgaben ist wichtig für Ihre Zufriedenheit und Leistungsfähigkeit in dem Arbeitsumfeld, in dem Sie tätig werden wollen. Wenn die Aufgabe mehr Genauigkeit erfordert, als Sie leisten wollen und können, oder die Kollegen am Arbeitsplatz deutlich unstrukturierter sind als Sie, werden Sie möglicherweise langfristig unzufrieden sein.

CD-ROM

In meiner Arbeit ...		**In meiner Arbeit ...**
... verfüge ich immer über eine gute Selbstorganisation.	7 6 5 4 3 2 1	... ist mir ein systematisches Vorgehen nicht so wichtig, ich bearbeite auch mehrere Themen gleichzeitig.
... teile ich mir meine Zeit bewusst ein.	7 6 5 4 3 2 1	... teile ich mir meine Zeit eher intuitiv ein und neige manchmal dazu, den Zeitfaktor aus dem Blick zu verlieren.
... fällt es mir leicht, Prioritäten zu setzen und Wichtiges von Unwichtigem zu trennen.	7 6 5 4 3 2 1	... behandele ich zunächst alle Sachverhalte mit derselben Priorität.

... achte ich darauf , dass meine Beiträge immer einen roten Faden und eine klare Struktur haben.	7 6 5 4 3 2 1	... lasse ich mich bei Beiträgen von meiner Intuition leiten, formale Strukturen engen mich eher ein.
... ist es mir wichtig, Berichte und Gespräche klar zu strukturieren und zu gliedern.	7 6 5 4 3 2 1	... passiert es häufiger, dass ich im Gespräch von einem Thema zum anderen wechsle.
... habe ich immer einen guten Überblick über meine Unterlagen und die Vorgänge auf meinem Schreibtisch und kann schnell auf relevante Informationen zurückgreifen.	7 6 5 4 3 2 1	... sind meine Unterlagen häufig durcheinander und auch auf meinem Schreibtisch bevorzuge ich das kreative Chaos.
Summe: .../6 = Ergebniswert:		

Auswertung „analytisches Denken":

Werte $\geq$ 6 (pro Dimension):

Ausgeprägte analytische Kompetenzen

Sie verfügen über ausgeprägte analytische Kompetenzen und die Fähigkeit, auch bei der Erarbeitung von Problemlösungen Details zu beachten und einzubeziehen. Sie setzen sich gern und intensiv mit komplexen Sachverhalten auseinander. Ihr Ziel ist es, die beste Lösung zu finden. Manchmal neigen Sie dazu, über das Ziel hinauszuschießen und sich zu sehr zu vergraben. Für Menschen mit anderer Ausprägung auf dieser Dimension ist Ihre Detailorientiertheit vielleicht schwer nachzuvollziehen und anstrengend. In Ihrem Arbeitsverhalten legen Sie Wert auf Ordnung und Struktur und verstehen es gut, sich selbst zu organisieren und wahrscheinlich auch zu disziplinieren. Vermutlich erwarten sie Gleiches auch von anderen Personen und können oft nur schwer verstehen, wie ungeordnet manche Menschen vorgehen.

Experten-Tipp

Welche Position passt?

Bei einer Tätigkeit, die viele Analysen, Auswertungen oder auch das genaue Umgehen mit Zahlen erfordert, können Sie Ihre analytischen und problemlösenden Kompetenzen gut nutzen. Ihre Disziplin in Ihrem Arbeitsverhalten unterstützt Sie dabei, eine hohe Kontinuität zu zeigen. Eine Tätigkeit oder ein Umfeld, wo es nicht so auf Genauigkeit ankommt, passt weniger zu Ihnen, da Ihr Arbeitsstil als zu aufwändig und umständlich wahrgenommen wird und Ihnen die anderen nicht genau genug arbeiten. Auch eine Position in einem kreativen Umfeld dürfte für Sie auf Dauer sehr anstrengend sein, da der Arbeitsstil der anderen für Ihren Anspruch an Präzision und Struktur eine harte Belastungsprobe wäre. Controlling, Finanz- und Steuerwesen, Entwicklung und Forschung sind Bereiche, die eher zu Ihren Kompetenzen und Verhaltenstendenzen in diesem Bereich passen. ◂

Werte von 5 bis 3 (pro Dimension):

Keine eindeutige Tendenz

Sie verfügen nicht über eine eindeutige Tendenz zu detailorientiertem auf der einen oder „grob" sichtendem Verhalten auf der anderen Seite. Auch bei Ihren Problemlösungen gehen Sie mal eher orientiert an Einzelinformationen, mal mehr nach pragmatischen Gesichtspunkten vor. Wahrscheinlich ist es themenabhängig, ob Sie detailorientiert arbeiten oder sich auf den Überblick beschränken. Sie können sich durchaus selbst disziplinieren, werden dies aber wohl nur dann tun, wenn Sie es für erforderlich halten. In anderen Fällen oder bei weniger interessanten Aufgaben kann Ihre Selbstorganisation auch mal zu wünschen übrig lassen.

Experten-Tipp

Welche Position passt?

Eine Tätigkeit, die in zu großem Umfang detailorientiertes Arbeiten erfordert, wird Sie auf Dauer wahrscheinlich nicht glücklich machen. Auch sollten Sie keine Stelle annehmen, bei der ein sehr genaues Umgehen mit Zahlen und Statistiken im Vordergrund steht. Aber auch ein zu unsortiertes Arbeitsumfeld, in dem Struktur und Vorhersagbarkeit die Ausnahme sind, passt nur für einen begrenzten Zeitraum. Ordnung schätzen Sie im Grunde schon. ◂

Werte ≤ 2 (pro Dimension):

Erfassen der Zusammenhänge

In Ihrem Arbeitsstil neigen Sie dazu, sich auf die Erfassung der Zusammenhänge zu beschränken und einen Überblick zu gewinnen. Detailinformationen brauchen andere, Sie nicht unbedingt. Ähnlich ist es bei Ihren Problemlösungen. Die Lösung muss das Ganze berücksichtigen und pragmatisch sein. Sie handeln lieber nach dem 80/20-Gesichtspunkt: Die letzten 20 Prozent machen eine Sache für Sie nicht unbedingt besser, nur deutlich aufwändiger. Hüten Sie sich vor Jobs, die ein genaues und detailorientiertes Arbeiten erfordern. Sie werden möglicherweise auf lange Sicht unglücklich und Ihre Vorgesetzten und Kollegen werden mit Ihren Ergebnissen nicht zufrieden sein, weil sie beispielsweise der Meinung sind, es würde immer etwas fehlen. Ihnen macht es nicht viel aus, wenn Ihr Arbeitsumfeld wenig Struktur bietet, auch mit kreativem Chaos können Sie gut umgehen.

Experten-Tipp

Welche Position passt?

Für Sie kommen eher Tätigkeiten im Bereich Vertrieb, Beratung, Marketing, aber auch Personal und Produktion und kreative Arbeitsfelder wie im Medienbereich in Frage. Aber Vorsicht, auch dort gibt es Positionen, die mehr oder weniger detailorientiertes Arbeiten verlangen. In dem Tätigkeitsbereich, den Sie wählen, dürfen die Anforderungen und Aufgaben ruhig wechseln und unstrukturiert sein. Damit kommen Sie ganz gut zurecht.

Sozialverhalten

Kontaktverhalten

Wie gestalten Sie den Kontakt zu anderen Menschen? Kommen Sie leicht ins Gespräch? Sind häufig Sie derjenige, der auf andere zugeht? Oder beobachten Sie Menschen erst einmal, um zu sehen, mit wem Sie es zu tun haben? Sind Sie bei Diskussionen immer aktiv dabei oder betrachten Sie solche Prozesse auch mal schweigend? Menschen sind in dieser Beziehung verschieden und das ist auch gut so. Wie sehen Sie sich selbst?

CD-ROM

Mein Kontaktverhalten		Mein Kontaktverhalten
Ich gehe offen und interessiert auf andere zu.	7 6 5 4 3 2 1	Ich beobachte, warte ab, lasse andere auf mich zukommen.
Ich suche die Diskussion und den Austausch.	7 6 5 4 3 2 1	Ich verfolge den Meinungsbildungs- und Diskussionsprozess, ohne mich unbedingt selbst aktiv einzubringen.

Ich stehe gern im Mittelpunkt.	7 6 5 4 3 2 1	Ich halte mich lieber im Hintergrund.
Ich wirke auf andere freundlich, zugänglich und offen.	7 6 5 4 3 2 1	Ich wirke freundlich, zurückhaltend und ruhig.
Ich stelle mich auf meinen Gesprächspartner ein und verhalte mich entsprechend.	7 6 5 4 3 2 1	Ich habe meine persönliche Art, mit anderen zu sprechen.
Ich gestalte Beziehungen über meine eigene Aktivität und die Ansprache von anderen.	7 6 5 4 3 2 1	Ich kann durch mein konstantes Verhalten vertrauensvolle Beziehungen aufbauen und gestalten.
Ich versuche, andere zu aktivieren und eine lebendige Gesprächsatmosphäre aufzubauen.	7 6 5 4 3 2 1	Ich erzeuge durch mein konstantes Verhalten eine ruhige, von Nachdenken geprägte Gesprächsatmosphäre.
Ich beziehe meine Gesprächspartner aktiv ein und stelle ihnen Fragen.	7 6 5 4 3 2 1	Ich verfolge Gespräche intensiv und höre aufmerksam zu.
Ich kann meine Begeisterung auf andere übertragen.	7 6 5 4 3 2 1	Ich übertrage meine Ruhe auch auf andere.
Ich vermittele über mein Auftreten Bestimmtheit und Selbstbewusstsein.	7 6 5 4 3 2 1	Ich vermittle durch mein Auftreten Besonnenheit.
Summe: .../10 = Ergebniswert:		

Teamorientierung

Heute wird Teamfähigkeit groß geschrieben, aber nicht jede Position braucht den Teamplayer. In manchen Positionen ist der Einzelkämpfer erforderlich, um die gewünschten Ergebnisse zu erreichen. Wo liegen Ihre Kompetenzen? Fällt es Ihnen leicht, mit anderen zusammenzuarbeiten, oder sind Sie lieber Ihr eigener Herr und arbeiten am besten, wenn Sie *Ihren* Regeln folgen können?

Innerhalb eines Teams ...		**Innerhalb eines Teams ...**
... ist es mir wichtig, die anderen Mitglieder zu offenem Austausch und zur Kommunikation anzuregen.	7 6 5 4 3 2 1	... ist es mir wichtig, meine Meinung einzubringen.
... greife ich die Argumente der anderen Mitglieder auf und arbeite damit weiter.	7 6 5 4 3 2 1	... halte ich eher an meinen eigenen Ideen und Meinungen fest.
... höre ich den anderen Mitgliedern aufmerksam zu und lasse sie ausreden.	7 6 5 4 3 2 1	... kommt es vor, dass ich einen Gesprächspartner unterbreche, um meine Meinung zu äußern.
... setze ich mich für das Finden und Erreichen gemeinsamer Ziele ein.	7 6 5 4 3 2 1	... setze ich mich eher für das Erreichen der von mir bevorzugten Ziele ein.
... trage ich durch mein Verhalten zu einem „Wir"-Gefühl bei.	7 6 5 4 3 2 1	... bin ich in meiner Meinung von den anderen Mitgliedern unabhängig und trage so zu kritischen Diskussionen bei.
... strukturiere ich die Teamprozesse maßgeblich.	7 6 5 4 3 2 1	... versuche ich, die anderen Mitglieder von meinen Vorschlägen bezüglich der Vorgehensweise zu überzeugen.
... stelle ich die Teamergebnisse in den Vordergrund.	7 6 5 4 3 2 1	... stelle ich das Erreichen der von mir bevorzugten Lösung in den Vordergrund.
... gebe ich Feedback, indem ich Anerkennung und Kritik konstruktiv äußere.	7 6 5 4 3 2 1	... bin ich mit Feedback eher vorsichtig und zurückhaltend.
Summe: .../8 = Ergebniswert:		

Durchsetzungsvermögen

In verschiedenen Positionen ist Durchsetzungsvermögen notwendig. Dies ist z. B. der Fall, wenn zu Ihrem Aufgabengebiet viele Verhandlungen gehören oder wenn Sie in einer Position sind, aus der heraus auch unpopuläre Entscheidungen getroffen und vertreten werden müssen. In anderen Positionen kommen Sie mit einer höheren Kompromissbereitschaft eher zum

Ziel. Wenn Sie viel in Teams arbeiten, wird Sie eine starke Durchsetzungsorientierung sicher nicht weiterbringen.

In einer Besprechung ...		**In einer Besprechung ...**
... zeige ich hohe Kompromissbereitschaft.	7 6 5 4 3 2 1	... zeige ich einen hohen Willen zur Umsetzung eigener Pläne und Ideen.
... lasse ich den anderen Gesprächsteilnehmern großzügig viel Redezeit.	7 6 5 4 3 2 1	... bin ich engagiert und bringe viele Beiträge ein.
... frage ich aktiv nach Meinungen und Erwartungen und bringe keine fertigen Lösungen ein.	7 6 5 4 3 2 1	... äußere ich meine eigenen Erwartungen und Lösungen klar und deutlich.
... argumentiere ich für eine gemeinsam getragene Lösung.	7 6 5 4 3 2 1	... argumentiere ich entschieden und nachdrücklich.
... signalisiere ich durch meine Rhetorik und meine Körpersprache Offenheit und Partnerschaftlichkeit.	7 6 5 4 3 2 1	... hebe ich mich durch meine ausgeprägte Rhetorik und Körpersprache von den Gesprächsteilnehmern ab.
... vermeide ich den Konflikt und stelle deshalb eigene Interessen in den Hintergrund.	7 6 5 4 3 2 1	... verfolge ich die Durchsetzung meiner Ziele eher durch eine konfrontative Vorgehensweise.
... passiert es mir, dass ich vorschnell Kompromisse eingehe.	7 6 5 4 3 2 1	... zeige ich Ausdauer und Beharrlichkeit in der Diskussion/in Verhandlungen.
... vermeide ich Widerstände meiner Gesprächspartner, indem ich nachgebe.	7 6 5 4 3 2 1	... setze ich mich gegen Widerstände durch.
... übernehme ich ungern die Gesprächssteuerung.	7 6 5 4 3 2 1	... übernehme und behalte ich die Gesprächssteuerung.
... arbeite ich die Interessen und Bedürfnisse meiner Gesprächspartner heraus und orientiere mich an diesen.	7 6 5 4 3 2 1	... orientiere ich mich eher an meinen Interessen und Bedürfnissen als an denen meiner Gesprächspartner.
Summe: .../10 = Ergebniswert:		

Überzeugungskraft

Ich überzeuge durch ...		**Ich überzeuge durch ...**
... beispielreiche und bildhafte Argumentation.	7 6 5 4 3 2 1	... rationale und sachliche Argumentation.
... Begeisterung und Engagement.	7 6 5 4 3 2 1	... ruhige und überlegte Ausführungen.
... die Fähigkeit, meine Gesprächspartner für die von mir favorisierte Alternative zu begeistern.	7 6 5 4 3 2 1	... die Vermittlung von Sachkenntnissen.
... durch das intuitive Integrieren von Einwänden in meine Argumentation.	7 6 5 4 3 2 1	... die sachliche Auseinandersetzung mit Einwänden.
... die Intensivierung meiner Bemühungen, wenn ich mein Gegenüber noch nicht ganz überzeugt habe.	7 6 5 4 3 2 1	... Einlenken und Nachgeben, wenn sich Widerstände ergeben.
... die Einforderung von Meinungen und Einwänden meines Gegenübers.	7 6 5 4 3 2 1	... den Versuch, bei heftigerem Meinungsaustausch zu beschwichtigen.
... die Ansprache emotionaler Aspekte und indem ich für meine Ideen Begeisterung wecke.	7 6 5 4 3 2 1	... die Bemühung, auf der Sachebene zu agieren und zu argumentieren.
... meine lebendige Körpersprache.	7 6 5 4 3 2 1	... meine ruhige Gestik und Mimik.
Summe: .../8 = Ergebniswert:		

Einfühlungsvermögen

In einem Gespräch ...		**In einem Gespräch ...**
... nehme ich auch schwache Signale meiner Gesprächspartner wahr.	7 6 5 4 3 2 1	... konzentriere ich mich auf die sachlichen Aussagen, die zur Klärung der Situation beitragen.
... bin ich in der Lage, Konfliktpotenziale zu erkennen.	7 6 5 4 3 2 1	... bekomme ich nicht immer mit, wenn einer ein persönliches Problem oder einen unausgesprochenen Konflikt mit einer Situation hat.

... konzentriere ich mich auch auf nonverbale Signale.	7 6 5 4 3 2 1	... konzentriere ich mich auf das, was mein Gesprächspartner sagt.
... versuche ich auch, auf der emotionalen Ebene eine Beziehung zu meinen Gesprächspartnern zu finden.	7 6 5 4 3 2 1	... versuche ich, mich möglichst nicht emotional auf meine Gesprächspartner einzulassen, um die nötige Neutralität zu bewahren.
... hake ich nach, wenn wichtige Gefühle und mögliche Konfliktquellen unausgesprochen bleiben.	7 6 5 4 3 2 1	... versuche ich, mögliche Konfliktthemen zu umgehen.
... stelle ich mich auf Sprechweise, Vokabular und Verhalten meines Gesprächspartners ein.	7 6 5 4 3 2 1	... ist es mir wichtig, mich so darzustellen, wie ich bin, und auch so zu sprechen.
Summe: .../6 = Ergebniswert:		

Auswertung „Sozialverhalten"

Werte ≥ 6 (pro Dimension):

Orientierung an Mitmenschen

In Ihrem zwischenmenschlichen Verhalten orientieren Sie sich deutlicher an Ihren Mitmenschen als an sachlichen Themen. Ihr Verhalten macht deutlich, dass es Ihnen wichtig ist, viel Kontakt zu anderen zu haben, und dass Sie auch persönlich davon profitieren. Teamarbeit bevorzugen Sie ganz eindeutig. Der Austausch und auch gemeinsame Erfolge sind Ihnen lieber, als sich allein durch Ihre Aufgaben zu kämpfen. Sie zeigen eine hohe Bereitschaft, sich auf andere einzustellen, und müssen sich nicht unbedingt um der Sache oder Ihrer selbst willen durchsetzen. Hier ziehen Sie den Kompromiss als Alternative vor. In Ihrem Überzeugungsverhalten versuchen Sie, auf Ihren Gesprächspartner einzugehen und ihn nicht nur sachlich, sondern auch emotional für sich zu gewinnen.

Experten-Tipp

Welche Position passt?

Für Sie ist wichtig, dass Sie eine Position übernehmen, in der die Zusammenarbeit mit anderen ein wesentlicher Bestandteil ist. Aufgaben im sozialen

Bereich werden Ihren sozialen Potenzialen entgegenkommen. Gut werden Sie in Projektgruppen und Teams arbeiten können. Passend sind wahrscheinlich auch Positionen im Personalbereich, in denen Sie auch personalbetreuerische Aufgaben übernehmen. Ebenso sind Stellen im Vertrieb vorstellbar. Kritisch ansehen sollten Sie Ihr Durchsetzungsvermögen. Kontaktfreude, Einfühlungsvermögen und Überzeugungskraft sind wichtig, aber sowohl im Vertrieb wie auch im Personalbereich ist ein wenig Durchsetzungsvermögen durchaus gefragt. Sind Sie in weitem Umfang kompromissbereit, kann es schon passieren, dass Sie Ihre Ziele nicht oder nur zum Teil erreichen. Inwieweit eine Führungsaufgabe für Sie in Frage kommt, müssen Sie mit Ihrer Führungsmotivation abgleichen. Auch bei Führungsaufgaben sind Durchsetzungsorientierung und natürlich sachliche Klarheit gefordert. Die Zielorientierung steht hier gleichwertig neben der Mitarbeiterorientierung.

Werte 5 bis 3 (pro Dimension):

Teamarbeit wichtig, aber nicht notwendig

Die Zusammenarbeit mit anderen ist für Sie durchaus ein wichtiger Faktor für Ihre Motivation. Sie schätzen den Austausch und durchaus die gegenseitige Unterstützung.

Sie müssen aber nicht alle Aufgaben zusammen mit anderen erledigen oder immer auf sie zurückgreifen können. Sie können sich auch gut mal in Ihr Büro zurückziehen und für sich allein Themen und Aufgaben bearbeiten. Vielleicht ist Ihnen manche Diskussion auch zu viel und Sie würden lieber alleine die Aufgaben fortsetzen – denn Diskussion kostet auch Zeit. Gerne erleben Sie den einen oder anderen Erfolg auch mal nur für sich persönlich mit dem Wissen, dass Sie es alleine geschafft haben. Trotz aller Kooperationsbereitschaft ist es Ihnen auch wichtig, Ihre Meinung durchzusetzen, auch wenn das mal zu kleineren Auseinandersetzungen im Team führt. In Ihrem Überzeugungsverhalten versuchen Sie sich zwar auf Ihren Gesprächspartner einzustellen, Sie wollen aber auch in der Sache inhaltlich überzeugen.

Experten-Tipp

Welche Position passt?

Betrachtete man nur Ihr zwischenmenschliches Verhalten, kommen Sie in fast allen Positionen, die Ihnen einen Austausch und Kontakt im normalen Umfang ermöglichen, gut zurecht. Sie brauchen nicht die reine Teamarbeit, dass ist eher zu viel erzwungener Kontakt. Hier müssen Sie selbst kritisch entscheiden, inwieweit Positionen, in denen der Kontakt und Austausch mit anderen wesentlicher Bestandteil der Funktion ist, Ihren Bedürfnissen entsprechen. Dies betrifft sicherlich Positionen in Vertrieb, Personalwesen oder Einkauf, Projektmanagement und auch Führungsaufgaben. Ein „Einzelarbeitsplatz" ist aber auch nicht ideal für Sie. Austausch und Kontakt in einem gewissen Umfang wollen und brauchen Sie schon. ◂

Werte $\leq$ 2 (pro Dimension):

Sachthemen bevorzugt

In Ihrem sozialen Verhalten zeigen Sie eine deutliche Präferenz für Sachthemen. Die Menschen interessieren Sie nicht so sehr. Sie widmen sich lieber Fach- und Sachfragen. Dabei beziehen Sie in Diskussionen durchaus deutlich Position und versuchen, Ihre Interessen auf der Sachebene zu vertreten. Für Ihre Leistungsfähigkeit sind andere Menschen und der Austausch mit ihnen nicht so wichtig. Vielleicht werden Sie von Ihren Mitmenschen ab und zu als unsensibel empfunden, weil Sie Ihre Aufmerksamkeit weniger auf soziale Belange richten.

Experten-Tipp

Welche Position passt?

Sie sollten Positionen, in denen Sie sich viel mit anderen auseinander setzen oder gar eng im Team arbeiten müssen, eher meiden. Für Sie kommen Aufgaben, bei denen Sie sich intensiv mit Sachfragen beschäftigen können, eher in Frage. Forschung und Entwicklung, Positionen im IT- und EDV-Bereich, aber auch verschiedene Ingenieurfunktionen passen besser zu Ihnen. Verfügen Sie gleichzeitig über einen strukturierten Arbeitsstil, sind auch Positionen im Bereich Finanzen und Controlling passend. ◂

Führen und Handeln

Führungsmotivation

Schon in Kindergruppen gibt es Kinder, die häufig die Anführer sind, und andere, die die besten Baumhäuser bauen. So ähnlich ist es im Berufsleben auch. Wir brauchen Führungskräfte und Fachleute. Während der Eine daran interessiert ist, Gruppenmitglieder zu steuern und anzuleiten, interessieren den Anderen vorwiegend die sachlichen Ergebnisse. Beide Funktionen sind gleich wichtig. Schlecht ist, wenn jemand mit hoher Führungsmotivation reine Fachaufgaben wahrnimmt und der Fachmann plötzlich andere führen soll.

In der Zusammenarbeit ...		**In der Zusammenarbeit ...**
... versuche ich, die anderen mit meinen Beiträgen zu lenken und dahin zu führen, wo ich möchte.	7 6 5 4 3 2 1	... konzentrieren sich meine Beiträge auf fachliche Aspekte.
... habe ich die Tendenz zu steuern und zu beeinflussen.	7 6 5 4 3 2 1	... favorisiere ich perfekte Arbeitsergebnisse.
... motiviere ich andere zur Mitarbeit und Beteiligung.	7 6 5 4 3 2 1	... richte ich meine Aufmerksamkeit auf die fachlich kompetenten Gesprächspartner.
... gebe ich konstruktives, persönliches Feedback und motiviere die Gruppenmitglieder auch zu kritischem Feedback.	7 6 5 4 3 2 1	... gebe ich konstruktives, rein fachliches Feedback und suche die sachliche Diskussion.
... werde ich als informeller Führer anerkannt und genieße eine hohe Akzeptanz.	7 6 5 4 3 2 1	... finde ich als Fachmann Anerkennung und meine Beiträge werden akzeptiert.
... gehe ich auch auf persönliche Belange meiner Gesprächspartner ein.	7 6 5 4 3 2 1	... agiere ich im Gespräch sachlich und neutral.
... beziehe ich andere in Lösungsprozesse mit ein.	7 6 5 4 3 2 1	... mache ich sachliche Vorgaben zum besten Lösungsweg.
Summe: .../7 = Ergebniswert:		

Handlungsorientierung

Wenn ich etwas tun muss ...		**Wenn ich etwas tun muss ...**
... ergreife ich die Initiative, statt zu warten, bis andere etwas tun.	7 6 5 4 3 2 1	... analysiere ich Lage und Situation und hinterfrage sie.
... formuliere ich chancen- und nicht problemorientiert	7 6 5 4 3 2 1	... ist es mir wichtig, mich erst mit den Problemen und deren Ursachen zu beschäftigen.

... stelle ich mich schnell auf neue Situationen ein.	7 6 5 4 3 2 1	... nehme ich mir in neuen Situationen Zeit, um mich zu orientieren.
... bringe ich mich aktiv ein und versuche, die Situation zu gestalten.	7 6 5 4 3 2 1	... nehme ich die Situation so, wie sie ist, und überlege, was man machen kann.
... setze ich mir selbst herausfordernde Ziele.	7 6 5 4 3 2 1	... vermeide ich Risiken.
... wage ich unbekannte Lösungen und gehe dabei auch unkalkulierbare Risiken ein.	7 6 5 4 3 2 1	... schütze ich mich und andere durch bewährte Lösungen vor unkalkulierbaren Risiken.
... suche ich bei Hindernissen nach schnell greifenden Lösungen.	7 6 5 4 3 2 1	... versuche ich, Hindernisse durch vorausschauendes Denken zu vermeiden.
... treffe ich Entscheidungen intuitiv.	7 6 5 4 3 2 1	... wäge ich Entscheidungen gründlich und rational ab.
... treffe ich Entscheidungen, ohne lange zu zögern, und übernehme die Verantwortung.	7 6 5 4 3 2 1	... höre ich mir die Entscheidungen anderer an und akzeptiere sie auch.
Summe: .../9 = Ergebniswert:		

Auswertung: „Führen und Handeln"

Werte ≥ 6 (pro Dimension):

Deutliche Führungsmotivation und Handlungsorientierung

Sie zeigen eine deutliche Führungsmotivation und Handlungsorientierung. Ihnen ist es wichtig, Dinge voranzubringen und nicht zu viel Zeit mit fragen und analysieren zu verbringen. Dabei sind Sie gern bereit zu steuern, auch wenn es dabei mal Widerstände gibt. Es kann sein, dass Sie Ihre Mitmenschen mit Ihrer Handlungsorientierung überfordern, weil Sie ihnen zu wenig Zeit geben, sich einzubringen. Verfügen Sie gleichzeitig über eine hohe soziale Orientierung, haben Sie gute Voraussetzungen, auch Führungsaufgaben zu übernehmen. Ihre Orientierung an Ihren Mitmenschen und Ihre soziale Aufmerksamkeit werden Sie dann davor schützen, andere zu überfahren. Es wird Ihnen eher gelingen, andere zu steuern, ohne die soziale Seite zu missachten.

Experten-Tipp

Welche Position passt?

Für Sie ist es wichtig, dass Sie Positionen übernehmen, die Ihnen viel Entscheidungs- und Handlungsspielraum bieten. Gut passen auch Stellen, in denen Sie sich nicht unbedingt mit Detailfragen beschäftigen müssen, sondern eher Dinge voranbringen können. Positionen im Projektmanagement sowie in Stabsabteilungen kommen infrage. In Führungspositionen sollten Sie darauf achten, die Mitarbeiter nicht zu überfordern. Prüfen Sie ihre sozialen Verhaltenstendenzen kritisch.

Werte = 5, 4, 3 (pro Dimension):

Führen und führen lassen

Sie müssen nicht immer alle Sachen schnell nach vorne bringen. Sie können durchaus „Handlungsdruck“ erzeugen, um etwas zu bewegen, die Dinge aber auch treiben lassen. Dies wird wahrscheinlich von Ihrem Interesse für eine Sache abhängig sein. Sie übernehmen gern die Führung, aber es muss nicht auf Dauer sein. Außerdem *lassen* Sie sich gern ab und an führen und können sich anpassen. Wenn andere Richtung und Tempo angeben, machen Sie mit.

Experten-Tipp

Welche Position passt?

Ihre Position sollte es Ihnen erlauben, sich selbst und Ihre Ideen aktiv einzubringen und an Entscheidungen mitzuwirken. Wenn Sie „nie gefragt werden", werden Sie irgendwann unzufrieden, da Ihre Energie, Dinge zu bewegen, nicht in Anspruch genommen wird. Ihre Handlungsorientierung können Sie gut in Fachaufgaben einbringen, es muss nicht die Führungsposition sein. Die fachliche Führung von Teams, aber auch die Projektleitung kommen Ihnen entgegen. Führung und Steuerung müssen für Sie nicht dauerhaft sein, Projekte mit wechselnder Verantwortung passen eventuell besser zu Ihnen. Ihr Aufgabenspektrum sollte Ihnen etwas Abwechslung bieten, damit Ihre Handlungsorientierung immer wieder neue Anreize bekommt.

Werte ≤ 2 (pro Dimension):

Keine Führungspersönlichkeit

Sie müssen und wollen nicht derjenige sein, der den Ton angibt. Wenn andere anfangen, Dinge und Menschen in Bewegung zu setzen, ist es Ihnen lieber, etwas später zu beginnen, dafür aber auf einer soliden Basis zu handeln. Es ist auch nicht Ihr Interesse, andere zu führen und zu steuern. Die Zeit, die Sie dafür benötigen würden, investieren Sie lieber in Ihre Fachaufgaben.

Experten-Tipp

Welche Position passt?

Für Sie kommen Positionen in Frage, die ein beständiges und kontinuierliches Handeln erfordern. Ihre Aufgaben sollten Sie fachlich fordern und Ihrem Interesse an qualitativ guten und präzisen Arbeitsergebnissen entgegenkommen. Das heißt: In Abhängigkeit von Ihrem Arbeitsstil bevorzugen Sie Positionen, bei denen nicht maximale Schnelligkeit, sondern eher Qualität gefordert und die Zeit hierfür auch vorhanden ist. Aufgaben mit Führungsverantwortung sind für Sie nicht so reizvoll. Eine Fachlaufbahn entspricht Ihnen mehr. ◂

Die aufgeführten Ergebnisinterpretationen beschränken sich auf eindeutige Tendenzen im Verhalten eines Bereichs. Die sind natürlich nicht immer gegeben. Sie können ein ausgeprägtes Einfühlungsvermögen haben und sich gleichzeitig im Kontakt mit anderen eher zurückhaltend zeigen. Es würde den Rahmen dieses Buchs sprengen, differenzierter in die Interpretation einzusteigen. Die angeführten Erläuterungen sowie die Auseinandersetzung mit den einzelnen Dimensionen sollten bereits dazu führen, dass Sie mehr Klarheit über Ihre Stärken und Verhaltenstendenzen gewinnen. Damit haben Sie die Basis einzuschätzen, ob eine Position zu Ihnen passt oder nicht.

Mein Motivationsprofil

Berufliche Leistungsfähigkeit braucht Motivation. Es gibt Menschen, die sagen, dass man Mitarbeiter nicht motivieren könne – man könne nur versuchen, sie nicht zu demotivieren. Wir denken, dass Mitarbeiter per se motiviert sind. Aber sie prüfen ständig die Gegebenheiten und Bedingungen. Sind diese so, dass ihre wesentlichen Bedürfnisse und Antriebskräfte befriedigt werden, bleiben sie auch motiviert. Über die Gestaltung der Rahmenbedingungen am Arbeitsplatz, das Führungsverhalten und den Umgang miteinander kann ein weiterer positiver Beitrag geleistet werden.

Verantwortung für die eigene Motivation

Aber auch der Mitarbeiter trägt seinen Teil dazu bei, z. B. indem er sich – bevor er eine Stelle annimmt – überlegt, ob diese Stelle überhaupt zu ihm passt. Um auf diese Frage eine Antwort zu finden, haben Sie sich bereits mit Ihren Erwartungen an ein Unternehmen, Ihren Kompetenzen und Ihren Zielen auseinander gesetzt. Bei der Wahl einer Stelle ist aber auch entscheidend, ob sie die Herausforderungen bietet, die man braucht, um langfristig mit hoher Motivation zu arbeiten.

Zur Motivation tragen verschiedene Faktoren bei und sie wirken bei uns allen. Doch für jeden Einzelnen haben ganz bestimmte Aspekte einen besonders hohen Motivationswert.

In Bezug auf den Unternehmensalltag haben sich für uns drei Variablen herauskristallisiert, die Mitarbeiter dazu bringen, sich mit Kraft und Engagement einzusetzen. Da es sich um Motivation handelt, nennen wir sie:

Drei Variablen

- Anschlussmotivation (die Möglichkeit, befriedigende Beziehungen und Kontakte zu anderen zu haben),
- Einflussmotivation (die Möglichkeit zu gestalten und mitzubestimmen, was wie gemacht wird) und
- Leistungsmotivation bzw. besser Werkstolz (die Befriedigung, etwas Eigenes und Herausragendes herzustellen, zu konzipieren, zu entwickeln).

Wie gesagt, alle Menschen werden von diesen Motivatoren motiviert, aber der eine oder andere davon motiviert uns mehr. Nachfolgend finden Sie einen Selbsteinschätzungsbogen, der dazu beitragen soll, Ihre primäre Antriebskraft herauszufinden.

CD-ROM

Besonders motiviert mich ...	Stimmt stimmt nicht		**Anmerkungen**
... der Genuss von Privilegien.	7 6 5 4 3 2 1	A	
... der geplante und strukturierte Ablauf von Arbeitsvorgängen.	7 6 5 4 3 2 1	B	
... eine beratende Tätigkeit.	7 6 5 4 3 2 1	C	
... die Möglichkeit, meinen Erfolg nach außen zu zeigen.	7 6 5 4 3 2 1	A	

... Lob, das ich für meine Arbeit bekomme.	7 6 5 4 3 2 1	B	
... der gemeinsame Spaß an einer Aufgabe und am Erfolg.	7 6 5 4 3 2 1	C	
... das Einbringen neuer, innovativer Ideen.	7 6 5 4 3 2 1	B	
... meine Präsenz in der Öffentlichkeit.	7 6 5 4 3 2 1	A	
... die Anerkennung, die meine Kollegen mir entgegenbringen.	7 6 5 4 3 2 1	C	
... der hohe Informationsfluss in meinem Unternehmen.	7 6 5 4 3 2 1	C	
... das Erzielen von herausragenden Ergebnissen.	7 6 5 4 3 2 1	B	
... die Möglichkeit zu entscheiden, wie Mittel und Ressourcen genutzt werden.	7 6 5 4 3 2 1	A	
... getroffene Vereinbarungen und Ziele.	7 6 5 4 3 2 1	B	
... eine schnelle und unkomplizierte Integration in den Kreis meiner Kollegen.	7 6 5 4 3 2 1	C	
... meine ganze Kraft in ein anspruchsvolles Projekt zu stecken.	7 6 5 4 3 2 1	B	
... die Stellvertretung für meinen Vorgesetzten zu übernehmen.	7 6 5 4 3 2 1	A	
... Feedback zu geben und zu bekommen.	7 6 5 4 3 2 1	C	
... die Tatsache, dass meine Arbeit auch angemessen belohnt wird.	7 6 5 4 3 2 1	B	

... meine integrierende und einbeziehende Wirkung in Konfliktsituationen.	7 6 5 4 3 2 1	C	
... die Möglichkeit, meine Leistungen ständig zu optimieren.	7 6 5 4 3 2 1	B	
... die Übernahme von Steuerungs- und Kontrollaufgaben.	7 6 5 4 3 2 1	A	
... ein harmonisches Arbeitsverhältnis.	7 6 5 4 3 2 1	C	
... der Erwerb von Fachkompetenzen.	7 6 5 4 3 2 1	B	
... die Übernahme von Verantwortung.	7 6 5 4 3 2 1	A	
... die Tatsache, dass ich meinen Kollegen als Vorbild diene.	7 6 5 4 3 2 1	C	
... dass ich mir herausfordernde Ziele setze.	7 6 5 4 3 2 1	B	
... das Wissen, dass mir Vertrauen geschenkt wird.	7 6 5 4 3 2 1	A	
... das Wissen, dass meine Kollegen Zeit für mich finden und mir zuhören.	7 6 5 4 3 2 1	C	
... das Wissen, über besondere fachliche Kompetenzen und Fähigkeiten zu verfügen.	7 6 5 4 3 2 1	B	
... die Berechtigung, Aufgaben zu delegieren.	7 6 5 4 3 2 1	A	
... die Übernahme fachlicher Verantwortung.	7 6 5 4 3 2 1	B	
... das Zugeständnis von Entscheidungsfreiheit.	7 6 5 4 3 2 1	A	
... die Freiheit, auch mal etwas auszuprobieren.	7 6 5 4 3 2 1	B	

... die Umsetzung von Gestaltungsmöglichkeiten.	7 6 5 4 3 2 1	A	
... die Organisation von und die Teilnahme an gemeinsamen Aktivitäten.	7 6 5 4 3 2 1	C	
... der Entscheidungsfreiraum, den meine Tätigkeit mit sich bringt.	7 6 5 4 3 2 1	A	
... der Wettbewerb zwischen mir und meinen Kollegen.	7 6 5 4 3 2 1	B	
... die Möglichkeit, mich durch meine Arbeit bestätigen zu können.	7 6 5 4 3 2 1	A	
... die Übernahme sozialer Verantwortung.	7 6 5 4 3 2 1	C	
... die Chance, meinen Aufstieg selbst beeinflussen zu können.	7 6 5 4 3 2 1	A	
... die Organisation von Projekten.	7 6 5 4 3 2 1	B	
... der Aufbau und die Nutzung von Netzwerken.	7 6 5 4 3 2 1	A	
... die Rolle des Lehrers/Mentors/Coachs.	7 6 5 4 3 2 1	C	
... die Tatsache, dass meine Leistungen bewundert und anerkannt werden.	7 6 5 4 3 2 1	A	
...mich um andere zu kümmern, sie einzuarbeiten und anzuleiten.	7 6 5 4 3 2 1	C	
... die Messbarkeit meiner Leistungen.	7 6 5 4 3 2 1	B	
... der Einfluss, den ich in meinem Unternehmen habe.	7 6 5 4 3 2 1	A	

... die Aufgabe, das Team zusammenzuhalten.	7 6 5 4 3 2 1	C	
... das Gefühl, für mein Unternehmen besonders wichtig zu sein.	7 6 5 4 3 2 1	A	
... die Präsentation meiner Arbeitsergebnisse.	7 6 5 4 3 2 1	B	
... die ausgeprägte Kooperation mit meinen Kollegen.	7 6 5 4 3 2 1	C	
... Dinge immer noch ein bisschen besser zu machen.	7 6 5 4 3 2 1	B	
... dass ich bezüglich meiner Entscheidungen nur einem geringen Rechtfertigungszwang unterliege.	7 6 5 4 3 2 1	A	
... die Rolle des Vermittlers.	7 6 5 4 3 2 1	C	
... technische Möglichkeiten für das beste Ergebnis voll auszuschöpfen.	7 6 5 4 3 2 1	B	

Auswertung der Ergebnisse

Notieren Sie für jede Fragengruppe – A, B, C –, wie oft Sie die Zahlen 1, 2, 3, 4, 5, 6, 7 angekreuzt haben.

Fragengruppe A

Zahl	7	6	5	4	3	2	1
Häufigkeit							

Fragengruppe B

Zahl	7	6	5	4	3	2	1
Häufigkeit							

Fragengruppe C

Zahl	7	6	5	4	3	2	1
Häufigkeit							

Motivatoren

Die Fragengruppe, in der Sie die Werte 7 und 6 am häufigsten angekreuzt haben, spiegelt Ihre primäre Motivation wider, also Ihre Hauptantriebskraft. Die einzelnen Fragen dieser Gruppe geben Ihnen Auskunft darüber, welche Bedingungen ein Arbeitsplatz für Sie erfüllen sollte, damit Sie lange motiviert sind und Ihre Aufgaben mit Spaß und Energie übernehmen und erfolgreich gestalten können.

Dass es Faktoren gibt, die wir hier als „primäre Antriebskräfte" oder „Motivatoren" bezeichnet haben, heißt nicht, dass die anderen Variablen nicht auch wichtig sind. Es gibt aber bei jedem Menschen Aspekte, die ein bisschen wichtiger sind als andere. Sind diese nicht erfüllt, werden wir unzufrieden, fühlen uns nicht genug gefordert oder es fehlt uns schlicht etwas.

Die meisten Siebener- und Sechserwerte bei A

Einflussmotivation

Sie haben am häufigsten den Fragen zugestimmt, die für **Einflussmotivation** stehen. Was heißt das für Ihre berufliche Motivation? Ihnen ist es wichtig, mitgestalten zu können. Bei Entscheidungen und Fragen wollen Sie einbezogen und gefragt werden. Gern entscheiden Sie auch selbst und geben Weg und Richtung vor. Sie haben Spaß daran, andere zu steuern und ihnen zu zeigen, welches der richtige Weg ist. Schwierig wird es für Sie, wenn Sie sich mit Ihrer Meinung und Ihrem Wissen zu sehr zurückhalten müssen. Sie werden dann schnell unzufrieden.

Für Ihre berufliche Motivation benötigen Sie eine Position, bei der Sie eigenverantwortlich gestalten, steuern und entscheiden können. Sie kommen gut mit Vorgesetzten zurecht, die Sie fachlich und menschlich akzeptieren, in denen Sie für sich ein Vorbild sehen und die nicht alles über den Kopf ihrer Mitarbeiter entscheiden.

Die meisten Siebener- und Sechserwerte bei B

Leistungsmotivation

Sie haben am häufigsten den Fragen zugestimmt, die für **Leistungsmotivation** stehen. Was heißt das für Ihre berufliche Motivation? Leistungsmotivation bezeichnen wir auch gern als „Werkstolz", da dieser Begriff oft besser passt. Sie finden Ihre Motivation darin, Dinge selbst zu bauen, herzustellen, zu konstruieren oder zu entwickeln. Das kann ein Werkzeug sein, aber auch ein Haus oder ein Konzept. Sie empfinden Stolz auf Ihr Produkt und das motiviert Sie, das nächste Projekt zu beginnen.
Leistungsmotivation heißt aber auch, davon angetrieben zu sein, etwas gut zu machen, sodass es den eigenen Qualitätskriterien entspricht. Dabei ist ebenfalls wichtig, dass andere sehen und anerkennen, was man leistet. Positionen, in denen Ihre Leistung nicht gewürdigt oder nicht gewollt wird, reduzieren Ihre Motivation für Ihren Einsatz deutlich. Ihre Kraft werden Sie dann möglicherweise in außerberufliche Leistungsfelder investieren.

Die meisten Siebener- und Sechserwerte bei C

Anschlussmotivation

Sie haben am häufigsten den Fragen zugestimmt, die für **Anschlussmotivation** stehen. Was heißt das für Ihre berufliche Motivation? Ihnen ist besonders wichtig, dass Sie in Ihrer Tätigkeit viel Kontakt zu anderen Menschen haben. Es motiviert Sie, sich mit anderen auszutauschen oder mit ihnen zusammenzuarbeiten. Gern kümmern Sie sich auch um andere, haben ein offenes Ohr für deren Sorgen. Im Team übernehmen Sie gern eine vermittelnde und ausgleichende Position und sorgen dafür, dass die Zusammenarbeit stimmt. Auf einer Stelle, die Ihr Bedürfnis nach Kontakt und Austausch nicht ausreichend befriedigt, fühlen Sie sich nicht wohl. Die Sachaufgabe allein reicht Ihnen nicht.

Mit dem Erstellen Ihres Ziel-, Motivations- und Kompetenzprofils haben Sie einen wichtigen Schritt auf der Suche nach der für Sie richtigen Tätigkeit getan. Sie wissen nun, was Sie wollen, insbesondere aber auch, was Sie können. Sie sind jetzt in der Lage, Ihre persönlichen „Verkaufsargumente" für

Ihre Bewerbung und Ihre Vorstellungsgespräche zu formulieren. Wie ein guter Verkäufer haben Sie die notwendige Vorarbeit geleistet: Sie können sicher und überzeugend argumentieren.

Was ist mir wichtig? Meine persönlichen Werte

Bei der Entscheidung für ein Unternehmen gibt es einen weiteren wesentlichen Aspekt: Ihre persönlichen Lebens- und Arbeitswerte und die Werte des Unternehmens, die in seiner gelebten Kultur zum Ausdruck kommen.

Unzufriedenheit und Missverständnissen vorbeugen

Es ist leicht nachvollziehbar, dass Sie sich als Mitarbeiter in einem Unternehmen, das komplett andere Werte hat als Sie, nicht besonders wohl fühlen würden. Auf der anderen Seite werden das Unternehmen bzw. seine Vertreter Sie in Ihren Aussagen und in Ihrem Handeln nur schwer verstehen können. Aus unserer Kenntnis der vielen Dilemmata und Missverständnisse im betrieblichen Alltag halten wir es für wichtig, sich, bevor man eine Stelle annimmt, zu fragen, was einem wichtig ist. Welche Werte möchten Sie bei Ihrer Arbeit erfüllt sehen? Nach welchen Werten erbringen Sie Ihre Leistung?

Passen Ihre Werte zur Unternehmenskultur?

Nun können Sie sich hinsetzen und überlegen: Was ist mir wirklich wichtig? Das ist gut und richtig und Sie sollten auch nicht darauf verzichten. Wir wollen Ihre Selbsteinschätzung an dieser Stelle auf eine etwas andere Art und Weise unterstützen: Unsere Gesellschaft verfügt über viele „Sinnsprüche“, von denen ein ganzer Teil gesellschaftliche Werte beschreibt. Werte beeinflussen unser Verhalten, unsere Ziele und in dem Maß, in dem wir sie in unserem privaten und beruflichen Leben realisieren können, auch unsere Zufriedenheit.

Die aufgeführten Sinnsprüche können Sie nutzen, um herauszubekommen, was Ihnen wichtig ist. Dabei sollten Sie sie aber nicht zu wörtlich nehmen. Beurteilen Sie, ob die dahinterliegenden Werte für Sie Bedeutung haben und sich in Ihrem Verhalten widerspiegeln oder ob Sie damit nichts anfangen können und nach anderen Prinzipien und Werten leben.

Wert/Sinnspruch:	**Trifft eher** **zu** **nicht zu**	**Mein Prinzip:**
Wer zu spät kommt, den bestraft das Leben.	6 5 4 3 2 1	Pünktlichkeit
Nur die Starken kommen durch.	6 5 4 3 2 1	Leistung
In der Ruhe liegt die Kraft.	6 5 4 3 2 1	Geduld
Ehrlich währt am längsten.	6 5 4 3 2 1	Ehrlichkeit
Trautes Heim, Glück allein.	6 5 4 3 2 1	familiärer Rückhalt
Die Hoffnung stirbt zuletzt.	6 5 4 3 2 1	Ausdauer/Durchhaltevermögen
Was du nicht willst, dass man dir tu, das füg auch keinem andern zu.	6 5 4 3 2 1	Gerechtigkeit
Was du heute kannst besorgen, das verschiebe nicht auf morgen.	6 5 4 3 2 1	Leistung
Aug' um Aug', Zahn um Zahn.	6 5 4 3 2 1	Gerechtigkeit
Aller Anfang ist schwer.	6 5 4 3 2 1	Durchhaltevermögen
Wer nicht kommt zur rechten Zeit, der muss sehen, was übrig bleibt.	6 5 4 3 2 1	Pünktlichkeit
Ehre wem Ehre gebührt.	6 5 4 3 2 1	Gerechtigkeit
Eine Schwalbe macht noch keinen Sommer.	6 5 4 3 2 1	Besonnenheit/überlegtes Handeln
Geteiltes Leid ist halbes Leid.	6 5 4 3 2 1	Teamgeist
Übung macht den Meister.	6 5 4 3 2 1	Leistung
Man soll den Tag nicht vor dem Abend loben.	6 5 4 3 2 1	Besonnenheit/überlegtes Handeln
Selbsterkenntnis ist der erste Weg zur Besserung.	6 5 4 3 2 1	Akzeptanz
Adel verpflichtet.	6 5 4 3 2 1	Verantwortungsbewusstsein
Wer im Glashaus sitzt, sollte nicht mit Steinen werfen.	6 5 4 3 2 1	Besonnenheit/überlegtes Handeln
Wer A sagt, muss auch B sagen.	6 5 4 3 2 1	Durchhaltevermögen
Wer anderen eine Grube gräbt, fällt selbst hinein.	6 5 4 3 2 1	Gerechtigkeit

CD-ROM

Wer zuletzt lacht, lacht am besten.	6 5 4 3 2 1	Besonnenheit/überlegtes Handeln
Rom ist nicht an einem Tag erbaut worden.	6 5 4 3 2 1	Geduld
Hochmut kommt vor dem Fall.	6 5 4 3 2 1	Besonnenheit/überlegtes Handeln
Wer zuerst kommt, mahlt zuerst.	6 5 4 3 2 1	Leistung
Es wird nichts so heiß gegessen, wie es gekocht wird.	6 5 4 3 2 1	Besonnenheit/überlegtes Handeln
Über Geschmack lässt sich nicht streiten.	6 5 4 3 2 1	Akzeptanz
Steter Tropfen höhlt den Stein.	6 5 4 3 2 1	Durchhaltevermögen
Eine Krähe hackt der anderen kein Auge aus.	6 5 4 3 2 1	Teamgeist
Wie man sich bettet, so liegt man.	6 5 4 3 2 1	Verantwortungsbewusstsein
Jeder ist seines Glückes Schmied.	6 5 4 3 2 1	Leistung
Jedem das Seine.	6 5 4 3 2 1	Gerechtigkeit
Bescheidenheit öffnet alle Türen.	6 5 4 3 2 1	Bescheidenheit
Eine Hand wäscht die andere.	6 5 4 3 2 1	Teamgeist
Man kann nur ernten, was man sät.	6 5 4 3 2 1	Gerechtigkeit
Arbeit ist des Lebens Würze.	6 5 4 3 2 1	Leistung
Besser den Spatz in der Hand als die Taube auf dem Dach.	6 5 4 3 2 1	Bescheidenheit
Bildung macht frei.	6 5 4 3 2 1	Leistung
Irren ist menschlich.	6 5 4 3 2 1	Akzeptanz
Zum Erfolg gibt es keinen Aufzug, man muss die Treppe nehmen.	6 5 4 3 2 1	Leistung

Was haben Sie über sich herausgefunden? Was sind Ihre Werte, Ihre wichtigen Handlungsprinzipien? Notieren Sie sie hier:

Mein Handeln ist geleitet durch:
■ ■ ■ ■

Sie haben sich jetzt ein klares Ziel- und Kompetenzprofil erarbeitet. Über wesentliche Handlungsprinzipien sind Sie sich ebenfall klar geworden.
Für die wichtigsten Aspekte können Sie sich eine eigene Checkliste erstellen, mit der Sie Stellenausschreibungen und Stellenangebote daraufhin überprüfen, ob sich eine Bewerbung lohnt oder nicht.

Kriterium	Anmerkung
Meine primären Erwartungen an den neuen Arbeitsplatz:	
Meine wichtigsten beruflichen Ziele:	
Meine wichtigsten fachlichen Kompetenzen:	
Meine ausgeprägtesten sozialen Kompetenzen:	
Meine stärksten Motivatoren:	
Meine Werte, nach denen ich meine Leistung erbringen will:	

Im nächsten Schritt wird es darum gehen, Unternehmen mit vakanten, zu Ihnen passenden Positionen zu finden, Informationen über diese Unternehmen zu gewinnen und Bewerbungen zu schreiben.

Wie sammle ich relevante Informationen über ein Unternehmen?

Gezielte Vorbereitung

Praxis-Beispiel

Guido P. hat jahrelang im Vertrieb einer kleinen Elektronikfirma gearbeitet. Doch nun hat er sich entschieden, die Branche zu wechseln. Er weiß, wo seine Kompetenzen liegen, doch er hat sich noch nicht genau über seine potenziellen neuen Arbeitgeber informiert. Wenn er das gemacht hat, ist er einen Schritt weiter und kann seine Vorstellungen mit den Angeboten des Unternehmens abgleichen und sich gezielt auf sein Vorstellungsgespräch vorbereiten.

Jetzt geht es an die Auswahl der Unternehmen, bei denen Sie sich bewerben wollen. Dazu müssen Sie wissen, welche Firmen überhaupt Mitarbeiter suchen. Wo Sie Stellenausschreibungen finden, erläutern wir im nächsten Kapitel.
Stellenausschreibungen sind nicht der einzige Weg, um sich zu bewerben. Vielleicht planen Sie auch, Initiativbewerbungen zu versenden. Ganz gleich, ob Sie sich auf eine Ausschreibung oder „blind" bewerben: Sie brauchen detaillierte Informationen über die Unternehmen. Nur so können Sie einschätzen, ob sie zu Ihnen passen.

Wozu Informationen wichtig sind

Sollte Ihnen das als zu aufwändig erscheinen, dann bedenken Sie, dass Sie auch in allen weiteren Phasen des Bewerbungsprozesses konkrete Informationen über ein Unternehmen und sein Leistungsspektrum benötigen. Sie brauchen sie

1. für die Auswahl der Unternehmen, die für eine Bewerbung in Frage kommen
2. für die Vorbereitung auf das Vorstellungsgespräch,
   - um bei Fragen sicher antworten zu können
   - um selbst konkrete Fragen stellen zu können und damit Interesse und gedankliche Auseinandersetzung mit dem Unternehmen unter Beweis zu stellen

3. für die Entscheidung für oder gegen eine angebotene Stelle

Praxis-Beispiel

So sollte Ihr Vorstellungsgespräch nicht enden:

Sequenz aus einem Vorstellungsgespräch um eine Position in einer Managementberatung: Interviewer: „Was wissen Sie über unser Unternehmen?" Bewerber: „Sie unterstützen andere Unternehmen bei der Auswahl neuer Mitarbeiter." *(Unzureichende Antwort, da dies nur einen sehr kleinen Ausschnitt aus dem Leistungsspektrum darstellt und die Angaben vom Bewerber nicht weiter vertieft wurden.)* Interviewer: „Haben Sie denn mal auf unsere Internet-Seiten gesehen?" Bewerber: „Ja, die habe ich mir angesehen." Interviewer: „Welche Informationen über unser Leistungsspektrum haben Sie dort erhalten?" Bewerber: „Ja, ähnliche, wie ich gerade gesagt habe, es ist beschrieben, wie Sie die Unternehmen unterstützen."

Solche Antworten provozieren beinahe schon allein eine Entscheidung gegen diesen Bewerber. Denn wer ernsthaft interessiert ist, weiß, was das Unternehmen macht, welche Produkte oder Dienstleistungen es anbietet. Wie soll ich sonst sagen können, ob der Job zu mir passt?

Welche Informationen brauche ich?

Für Ihre Entscheidung, ob ein Unternehmen zu Ihnen passt, benötigen Sie etwas andere Informationen als für das Vorstellungsgespräch. Konzentrieren wir uns auf die erste Frage. Was Sie zusätzlich für Ihre Vorbereitung auf ein Bewerbungsgespräch noch brauchen, finden Sie in unserem Buch „Das Vorstellungsgespräch. Richtig vorbereiten, überzeugend auftreten" (Haufe Verlag, 2002) ausführlich diskutiert.

CD-ROM

Die Informationen, die Sie brauchen, orientieren sich eng an Ihrem Wunschprofil. Die nachfolgende Checkliste, die Sie auch auf Ihrer CD-ROM finden, führt alle relevanten Entscheidungsaspekte auf. Sie macht deutlich, worauf Sie bei Durchsicht der einzelnen Informationsquellen Ihre Aufmerksamkeit richten sollten, und erlaubt Ihnen einen schnellen Abgleich mit Ihren Ziel- und Kompetenzbeschreibungen.

Unternehmens-information	**Beschreibung**	**Passt zu meinen Vorstellungen**
Allgemein		
Unternehmen Internet-Adresse		
Hauptsitz Niederlassungen		☺ 😐 ☹ ☺ 😐 ☹
Unternehmensform		☺ 😐 ☹
Branche		☺ 😐 ☹
Leistungs-/Produkt-schwerpunkte		☺ 😐 ☹
Standorte – international – national		 ☺ 😐 ☹ ☺ 😐 ☹
Mitarbeiterzahl Gesamt: in Niederlassungen		 ☺ 😐 ☹ ☺ 😐 ☹
Sicherheit des Arbeitsplatzes		
Ist die Branche generell stabil und sicher?		☺ 😐 ☹
Ist die Marktposition gefestigt?		☺ 😐 ☹
Wie bekannt ist das Unternehmen?		☺ 😐 ☹
Wie ist die wirtschaftliche Situation des Unternehmens?		☺ 😐 ☹
Wie setzt sich die Kundenstruktur zusammen?		☺ 😐 ☹
Umsatzgröße		☺ 😐 ☹
Seit wann ist das Unternehmen am Markt erfolgreich?		☺ 😐 ☹
Gab es Innovationen/ Neuentwicklungen?		☺ 😐 ☹

Checkliste

Unternehmenskultur		
Wie beschreibt das Unternehmen seine Kultur und Werte?		☺ 😐 ☹
Mitarbeiterstruktur/-alter		☺ 😐 ☹
Wie werden die Mitarbeiter beschrieben?		☺ 😐 ☹
Welche Anforderungen an die Mitarbeiter werden genannt?		☺ 😐 ☹
Sonstiges		
Weitere Daten/Kennzahlen		☺ 😐 ☹
Sonstige Informationen zum Unternehmen		☺ 😐 ☹
Gibt es aktuelle Berichte/Mitteilungen über das Unternehmen in Presse, Funk und Fernsehen?		☺ 😐 ☹

Wo finde ich welche Informationen?

Entscheidend für die Qualität Ihrer Analyse sind die Quellen, die Sie nutzen. Die nächste wichtige Frage ist also: Wo finden Sie diese Informationen? Heute haben Sie es – dem Internet sei Dank – recht leicht, auch umfangreichere Informationen über Unternehmen schnell zu finden. Aber es stehen auch Daten über die „klassischen" Medien zur Verfügung.

Quellen für unternehmensbezogene Informationen: Bücher, CDs und Internet

- ABC der deutschen Wirtschaft. Verlagsgesellschaft mbH (www.abconline.de)
- Kompass Deutschland. Verlags- und Vertriebsgesellschaft mbH (info@kompass-deutschland.de)
- Wer liefert was? Das deutsche Firmen-Alphabet. Deutscher Adressbuch-Verlag (infopat@lgabw.de)
- Firmen laden ein/FAZ-Leitfaden Betriebsbesichtigungen. Enthält folgende Informationen: Name, Anschrift, Telefonnummer, Wegbeschreibungen, Produkte, Firmengröße, Umsatz, Gründungsjahr und Informationen über Besichtigungsmöglichkeiten (www.goethe.de)
- Wer gehört zu wem? Commerzbank AG, ISSN 0171-9688 ca. In jeder Commerzbank-Filiale erhältlich (www.commerzbank.de)
- Handbuch der Großunternehmen 2002 (Bd. 1 und 2). Verlag Hoppenstedt & Co, ISBN 3-8203-0218-2 (www.hoppenstedt.de)
- Mittelständische Unternehmen 2002. Verlag Hoppenstedt & Co, ISBN 3-8203-0207-7 (www.hoppenstedt-mittelstaendischeunternehmen.de)

Informationen Print + online

- Datenbanken der Industrie- und Handelskammern (www.ihk.de bzw. www.diht.de)
- Datenbanken von Berufs- und Branchenverbänden (über das Suchwort „Berufsverbände“ finden Sie im Internet die Homepages der jeweiligen Berufs- und Branchenverbände)
- Bundesagentur für Arbeit (www.arbeitsagentur.de)
- Gelbe Seiten/Telefonbuch (nur geeignet für die Frage, welche Unternehmen es überhaupt gibt; www.gelbeseiten.de/ www.dastelefonbuch.de)
- die Unternehmen selbst (Firmenbroschüren, Geschäftsberichte, Homepages)
- Wirtschaftsnachrichten in regionalen und überregionalen Medien

- Unternehmensdatenbanken im Internet (Hoppenstedt: www.hoppenstedt.de, Schober direkt: www.schober.com, Bertelsmann: www.az.bertelsmann.de)
- Genios Wirtschaftsdatenbank (umfangreiche Datenbank, die Informationen zu Unternehmensbranchen, wirtschaftlichen Entwicklungen etc. bereitstellt; www.genios.de)

Einige der Veröffentlichungen wie z. B. der „Hoppenstedt" sind sehr teuer und es ist sicher nicht notwendig, sich die Bücher oder CDs zu kaufen. Was sich aber auf jeden Fall lohnt, ist, einen Nachmittag in einer öffentlichen Bibliothek oder einer Universitätsbibliothek zu verbringen.

Experten-Tipp

Kosten reduzieren

Bei den Internetdatenbanken müssen Sie genau hinschauen, zum Teil bekommen Sie Informationen und Unternehmensprofile kostenlos. Viele Datenbanken sind jedoch kostenpflichtig. Aber auch bei den teureren Datenbanken können Sie Informationen gewinnen: Zum Teil sind kostengünstigere oder kostenlose Kurzprofile erhältlich, zum Teil kann man Probeprofile herunterladen. Die sollten Sie sich dann für die wirklich interessanten Firmen aufheben.

Wenn Sie Internetdatenbanken nutzen, sollten Sie sich Ihre Such- bzw. Ausschlusskriterien vorher genau überlegen. Gerade bei kostenpflichtigen Datenbanken sparen Sie sich damit die Bezahlung von Firmenprofilen, mit denen Sie letztlich nichts anfangen können. Zu definierende Kriterien sind unter anderem: Mitarbeiterzahl, Umsatz, Region, Branche etc.
Auch die Informationssuche im Internet ist zeitaufwändig. Ein wenig schneller geht die Suche nach geeigneten Informationen, wenn Sie folgende Internet-Adressen nutzen:

Internet

Internet-Adresse	Inhalt
▪ www.focus.de	Jobagent, Jobbörse, Firmenlexikon
▪ www.jobpilot.de	Jobs und Adverts, Firmenprofile
▪ www.vertriebs-jobs.de	Stellenangebote, Stellengesuche, Bewerbungstipps
▪ www.forum-jobline.de	Unternehmensprofile, Karriere-Infos
▪ www.handelsblatt.de	Informationen über Unternehmen und Märkte, Stellenmärkte

Experten-Tipp

Aktuelle Entwicklungen im Blick haben

Vergessen Sie nicht, in der Presse oder anderen Nachrichtenquellen darauf zu achten, ob es über das Unternehmen, für das Sie sich interessieren, aktuelle Mitteilungen und öffentlichkeitsrelevante Meldungen gibt. Hierzu zählen die wirtschaftliche Situation und Entwicklung, aber natürlich auch Produktentwicklungen. Informationen dazu finden Sie bestimmt auch auf den Internet-Seiten des Unternehmens.

Weitere Quellen:

- Branchenmessen
- Firmenkontakt-Messen (Access, akademika 2002, Characters, Karrieretage, Connecta, Pyramid etc.)

Wie nutze ich Online-Bewerbermessen?

Innovative Wege: virtuelle Jobmessen

Jobfair24

Zur Cebit 2000 startete eine virtuelle Jobmesse (jobfair24). Als Unternehmen können Sie Stände mieten und sich präsentieren, Bewerber können durch die Hallen spazieren und sich informieren und ihre Bewerbung in eine Maske eintragen. Neben den monatlichen Messetagen gibt es spezielle Chat-Veranstaltungen, zu denen die entsprechenden Messestände besetzt sind. Hier beantworten live anwesende Personalberater in Chats Ihre Fragen zu Job und Karriere. Stellt man auf diesem Weg fest, dass gegenseitiges Interesse besteht, kann die Bewerbung gleich elektronisch erfolgen. Jobfair24 bringt Studenten, Absolventen und Young Professionals mit personalsuchenden Firmen zusammen. Jedes Unternehmen verfügt auf der jobfair24 wie auf einer realen Recruiting-Veranstaltung über einen Präsentations- und Gesprächsraum.

Die jobfair24 erlaubt zusätzlich zur Online-Bewerbung individuelle Besprechungen zu beliebigen Zeiten, unabhängig von Reisemöglichkeiten und zu unschlagbar geringen Kosten. Die 3D-Umgebung trägt dazu bei, die sensible Bewerbungssituation angenehmer zu gestalten, ein Vorteil für beide Seiten.

Erfolgreiches Angebot

Seitdem die virtuelle Messe gestartet ist, haben sich über 8.000 Bewerber registriert und über 50 Unternehmen sind zu Ausstellern geworden. Nicht nur die gebotene Technologie, sondern auch Kostenersparnisse von 70 bis 80 Prozent gegenüber herkömmlichen Messen und die ortsunabhängigen Kommunikationsmöglichkeiten lassen vermuten, dass dieses Angebot sich in Zukunft noch ausweiten wird.

Experten-Tipp

Behalten Sie den Überblick

Am besten legen Sie sich gleich zu Beginn einen Ordner an, in dem Sie alle Informationen zu den einzelnen Unternehmen sammeln, um Ihre Bewerbungsaktivitäten zu dokumentieren. So haben Sie alles übersichtlich abgelegt und schnell greifbar. Je nach Informationsquelle lohnt sich ein Ordner für Informationen im Papierformat mit einem Register pro Unternehmen und/oder ein entsprechender Ordner auf Ihrem PC.

Checkliste

Kriterium	**Unternehmen 1**	**Unternehmen 2**	**Unternehmen 3**
Vakante Position:			
Ansprechpartner:			
Bisherige Kontakte:			
Wesentliche Informationen:			
Produkte/Leistungsfelder:			
Wirtschaftliche Situation/Entwicklung:			
Kernanforderungen an Bewerber:			
Erfüllt folgende meiner Wünsche:			
Erfüllt folgende meiner Wünsche nicht:			
Sonstiges:			

Welche Bewerbungsstrategie soll ich wählen?

Praxis-Beispiel

Möglichkeiten ausloten

Vor Michael K. liegen einige Tageszeitungen ausgebreitet, einige Stellenanzeigen sind darin farbig markiert. Er selbst sitzt vor seinem Computer und sucht nach passenden Stellenausschreibungen. Er will sich beruflich neu orientieren. Zeitungsangebote sind selbstverständlich. Ein Freund hatte ihm jetzt noch den Tipp mit Stellenausschreibungen im Internet gegeben. Vielleicht gibt es noch andere Möglichkeiten, an eine neue Stelle zu kommen, nutzt er wirklich alle Möglichkeiten. Hierzu hätte er gerne mehr Informationen. ◂

Viele Wege führen nach Rom

Gibt es den richtigen Weg, die richtige Strategie für Bewerbungsaktivitäten? Hat man mehr Chancen bei Anzeigen aus der Presse oder aus dem Internet? Diese Fragen lassen sich nicht generell beantworten. Die richtige Strategie ist von zu vielen Aspekten abhängig. Wenn Sie z. B. in einem regional eng umgrenzten Raum suchen, wird Ihnen das Internet weniger hilfreich sein als die regionale Presse und regionale Dienstleister. Wenn Sie eine Position im internationalen Umfeld suchen, bietet Ihnen auch eine überregionale Tageszeitung nur begrenzte Angebote. In diesem Fall sollten Sie das Internet sehr aktiv nutzen.
Der beste Erfolgsgarant ist, so viele Wege wie möglich zu nutzen. Und zwar richtig und effizient.

Was bieten mir Printmedien?

Der bekannteste Weg, einen neuen Arbeitgeber zu suchen, ist sicherlich die Nutzung von Printmedien. Mit Printmedien meinen wir:

- regionale und überregionale Tageszeitungen
- Fachzeitschriften

- Wochen- oder Monatsmagazine

Es wird schnell mühsam, jedes Wochenende diverse Zeitungen danach durchzusehen, ob nicht vielleicht etwas Passendes dabei ist. Leider kann man nie sagen, wann „Ihre“ Stelle annonciert wird. Aber Sie können herausfinden, ob Positionen, die mit der vergleichbar sind, die Sie suchen, überhaupt in einer Zeitung ausgeschrieben werden. Prüfen Sie die Zeitung für ein, zwei Wochen und entscheiden Sie dann, ob sich die investierte Zeit lohnt.

Regeln, die Sie beachten sollten

- Gibt es Fachzeitungen mit Stellenteil? Wenn ja, nutzen Sie sie? Wenn Sie die Zeitschrift nicht abonnieren wollen, fragen Sie im Verlag an, ob Sie auf anderem Weg an die Ausschreibungen herankommen. Vielleicht gibt es einen Faxabruf-Dienst oder die Anzeigen werden auch im Internet veröffentlicht.
- Sind Sie überregional mobil? Dann nutzen Sie die großen überregionalen Tageszeitungen (Frankfurter Allgemeine Zeitung, Süddeutsche Zeitung, Die Zeit) und vielleicht die wesentlichen Zeitungen aus Ballungsgebieten (Hamburg, Berlin, München etc.).
- Sie können in der Regel von allen Tageszeitungen nur die Wochenendausgabe abonnieren, falls es die Zeitungen bei Ihnen vor Ort nicht im Handel gibt.
- Sind Sie regional gebunden? Dann besorgen Sie sich die Zeitungen, die im Hinblick auf Ihren Mobilitätsradius den Stellenmarkt relevanter Orte abdecken.

Anzeigensuchdienste

Wenn Sie nicht genug Zeit zum aufwändigen Studieren verschiedener Zeitungen haben oder eine Position in einem sehr begrenzten Segment suchen, können Sie Anzeigensuchdienste (Information Press Cutting) in Anspruch nehmen. Diese Dienste scannen für Sie verschiedene Medien nach entsprechenden Stellenangeboten. Sie müssen allerdings im Vorfeld die Kriterien, nach denen gesucht werden soll, sorgfältig definieren.

Was bietet mir die Bundesagentur für Arbeit?

Die Leistungen der Bundesagentur für Arbeit werden häufig kritisch bewertet. Aber auch für die Bundesagentur für Arbeit haben sich die Bedingungen geändert und es wurde viel am Leistungsspektrum und am Dienstleistungsangebot getan. Es lohnt sich, bestimmte Angebote zu nutzen oder zumindest zu prüfen.

Fachvermittlungen

Neben den allgemeinen Agenturen für Arbeit und ihrem Dienstleistungsangebot gibt es spezialisierte Dienststellen für bestimmte Berufsgruppen (z. B. Fachvermittlungsdienste für besonders qualifizierte Fach- und Führungskräfte, Hotel- und Gaststättengewerbe, Künstler, Seeleute usw.). Diese Fachvermittlungen können Sie bei jeder Agentur für Arbeit erfragen. Adressen und Leistungen finden Sie aber auch im Internet. Auf folgende Vermittlungsleistungen der Bundesagentur für Arbeit können Sie zurückgreifen:

Vermittlungsdienste der Bundesagentur für Arbeit

- AIS: Arbeitgeber-Informations-Service
  Diese Seiten richten sich an Arbeitgeber. Sie finden hier:
  - Bewerberprofile
  - aktuelle allgemeine sowie spezielle Profile (Ingenieure, IT-Fachkräfte)
  - Profile von Teilnehmern an beruflichen Bildungsmaßnahmen
  - Ausbildungsplatzsuchende
  - Möglichkeiten, offene Stellen zu melden
- SIS: Stellen-Informations-Service
  Hier finden Sie als Stellensuchender:
  - aktuelle Stellenangebote von Unternehmen
  - umfangreiche Informationen über Weiterbildungsmöglichkeiten und -angebote
- ASIS: Ausbildungs-Stellen-Informations-Service
  Hier finden Sie:
  - betriebliche Ausbildungsstellen
  - schulische Ausbildungsangebote

  - Ausbildungsangebote in Österreich und Südtirol

- Praktikantenbörse
  Hier finden Sie:
  - Bewerbungen von Praktikanten
  - offene Praktikantenstellen
  - Möglichkeiten, Stellenangebote und Gesuche einzugeben

- Bewerberbörse für Ingenieure
- Vermittlungsbörse für IT-Fachkräfte
- Vermittlungsbörse für Firmennachfolgen, Kooperationen und Existenzgründungen
- Internationale Vermittlung
- Managervermittlung
- Künstlerdienste
- ZBF: Zentrale Bühnen-, Fernseh- und Filmvermittlung
- ZIHOGA: Zentrale und internationale Management- und Fachvermittlung für Hotel- und Gaststättenpersonal

Experten-Tipp

Markt und Chance

Die Zeitung Markt und Chance kann auf der Internetseite der Agenturen für Arbeit www.arbeitsagentur.de eingesehen und heruntergeladen werden.

Im Arbeitsmarktportal finden Sie:

- Stellensuchmaschinen
- große Online-Stellenbörsen
- berufs- und branchenspezifische Stellenbörsen
- sonstige spezielle Stellenbörsen
- internationale Stellenbörsen
- Homepages privater Arbeitsvermittler
- weitere Informationsquellen für die Stellensuche

Neben diesen Leistungen der Arbeitskräftevermittlung bietet Ihnen die Bundesagentur für Arbeit über ihr Internet-Angebot erweiterte Möglichkeiten, auf potenzielle Arbeitgeber zuzugreifen. Ein Blick auf die Internet-Seiten der Bundesagentur für Arbeit lohnt sich auf jeden Fall. Sie finden das

Angebot unter www.arbeitsagentur.de. Hier erhalten Sie auch Informationen zu den Beratungsleistungen des Bundesagentur für Arbeit, z. B.:

Beratungsleistungen

- Informationen zu den finanziellen Leistungen (Förderprogrammen) der Bundesagentur für Arbeit. Die Informationsblätter können Sie sich zum Teil direkt aus dem Internet auf Ihren Computer herunterladen. Damit gehen Sie bereits gut informiert zum Gespräch mit Ihrem persönlichen Berater bei der Bundesagentur für Arbeit.
- Informationen zu den verschiedensten Fragen über Beschäftigungsverhältnisse und Sonderprogramme.
- Außerdem finden Sie hier die Adressen aller Landesagenturen für Arbeit (leider nur zum Teil mit einer Auflistung der Ansprechpartner für besondere Fragen) sowie die Adressen der örtlichen Agenturen für Arbeit und Niederlassungen. Ein Verzeichnis mit den Adressen der regionalen Dienststellen der Bundesagentur für Arbeit können Sie als pdf-Datei herunterladen.

Aufgrund der hohen Arbeitslosenzahlen bietet die Bundesagentur für Arbeit verschiedene Förderprogramme für die Reintegration von Arbeitslosen ins Berufsleben. Je nach zu besetzender Position lohnt es sich, Informationen über Fördermöglichkeiten einzuholen. Gezielte Angaben erhalten Sie bei der zuständigen Agentur für Arbeit. Auf Ihrer CD-ROM finden Sie eine Liste der Adressen der jeweiligen Landesagenturen für Arbeit.
Melden Sie sich bei der Bundesagentur für Arbeit, dann können Sie Ihr Bewerberprofil in deren Online-Börsen veröffentlichen – eine weitere Möglichkeit, dass potenzielle Arbeitgeber auf Sie aufmerksam werden.

Bewerberprofil auf den Internetseiten der Bundesagentur für Arbeit

Das Profil erscheint dort folgendermaßen:

PERSÖNLICHE DATEN	
Gewünschte Tätigkeit	Fachkrankenschwester für Anästhesie
Wohnort	51469 Bergisch Gladbach
Geschlecht	Weiblich
Alter	37

Arbeitszeit	Vollz., 40 Std/W.
Eigener PKW	Ja
Regionaler Wunsch	Wohnortnähe
QUALIFIKATION	
Kenntnisse	Anästhesiepflege
Aus-/Weiterbildung	
Berufspraxis	
Führerschein	B
KONTAKT	
Agentur für Arbeit	...
Telefon	...
Fax	...
Chiffre	...

Soll ich mich an Personalberater und private Arbeitsvermittler wenden?

Personalberater und Arbeitsvermittler leben davon, dass sie interessante und kompetente Bewerber an Unternehmen vermitteln. Dementsprechend sind sie an guten Bewerbern interessiert. An wen Sie sich wenden, ist abhängig von Ihrer Qualifikation und der von Ihnen angestrebten Position.

Personalberater

Personalberater haben sich häufig auf bestimmte hierarchische Positionen oder Fachbereiche und Branchen spezialisiert. Wenn Sie an einer Vermittlung interessiert sind, sollten Sie kurz telefonisch erfragen, ob eine Bewerbung bei der von Ihnen angestrebten Zielposition Sinn macht.

Private Arbeitsvermittler

Private Arbeitsvermittler bieten Personal in einem breiteren Segment von Positionen an. Eine positionsbezogene Spezialisierung wird sich hier seltener finden. Private Arbeitsvermittler arbeiten häufig eher in einem regional begrenzten Umfeld.

Experten-Tipp

Werden Sie nicht ungeduldig

Eine Vermittlung durch Personalberatungen kann einige Zeit in Anspruch nehmen. Sie sind als Kandidat dann interessant, wenn ein entsprechender Suchauftrag vorliegt. Bis dahin werden Sie in die Datenbank aufgenommen.

Es gibt kleine und große Beratungsunternehmen. Dieses Kriterium hat nichts mit der Qualität der Beratung zu tun. Sollten Sie aufgefordert werden, etwas zu unterschreiben, prüfen Sie genau, was. Es ist z. B. nicht üblich, von Bewerbern Vermittlungsgebühren zu verlangen, da die suchenden Unternehmen die Vermittlungskosten tragen.

An Adressen von Personalberatern und privaten Arbeitsvermittlern zu gelangen ist kein Problem. Einmal werden Sie beim Studium der regionalen oder überregionalen Zeitungen darauf stoßen. Nähere Informationen können Sie dann über die Homepages der jeweiligen Berater und Arbeitsvermittler gewinnen.

Eine Liste von Personalberatern erhalten Sie z. B. über den Bund deutscher Unternehmensberater e. V. (www.bdu.de) in Bonn. Eine Liste privater Arbeitsvermittler bekommen Sie beim Bundesverband Personalvermittlung e. V. (www.bpv-info.de) in Wiesbaden. Wie bereits erwähnt, hat auch die Bundesagentur für Arbeit eine Liste auf ihren Internet-Seiten.

Was bietet mir das Internet?

Keine nationalen oder regionalen Grenzen

Mit dem Internet haben Stellensuchende heute weitaus bessere Möglichkeiten, an potenzielle Arbeitgeber zu gelangen, als früher. Besonders gut ist, dass Sie keine regionalen oder nationalen Grenzen mehr haben und von zu Hause aus auf vielfältige Angebote weltweit und einen reichhaltigen Informationspool zurückgreifen können. Geben Sie bei einer beliebigen Suchmaschine (z. B. www.google.de) den Suchbegriff „Jobbörse“ ein und Sie werden überrascht sein, wie umfassend das Angebot ist.

Einen Wermutstropfen hat das Ganze aber. Noch immer richtet sich die überwiegende Zahl der Stellenangebote an hoch qualifizierte Fach- und Führungskräfte und Hochschulabsolventen. Aber auch hier vollzieht sich ein Wandel und das Stellenangebot für Fachkräfte mit einer kaufmännischen und/oder gewerblich-technischen Ausbildung nimmt zu.

Wie finde ich über das Internet Unternehmen, die gerade Personal suchen?

Grundsätzlich gelangen Sie auf verschiedenen Wegen zu Stellenangeboten im Internet. Vier davon wollen wir Ihnen vorstellen.

Sie nutzen die Homepage von Unternehmen

Wenn Sie bereits wissen, bei welchen Unternehmen Sie sich bewerben wollen, schauen Sie auf deren Internet-Seiten. Die meisten Unternehmen haben eine Jobbörse in ihren Internet-Auftritt integriert. Hier finden Sie die aktuell zu besetzenden Positionen. Leider sind nicht alle Unternehmen mit ihren Jobangeboten im Netz up to date. Das heißt, häufig werden die Daten nicht zeitnah gepflegt und aktualisiert.

Experten-Tipp

Fragen kostet nichts

Nehmen Sie Kontakt mit dem Unternehmen auf – per Mail oder per Telefon. Fragen Sie, ob die Sie interessierende Position noch vakant ist. Wenn nicht: Vielleicht gibt es inzwischen andere Möglichkeiten. Fragen Sie einfach nach. Die telefonische Nachfrage ist eine gute Möglichkeit, ins Gespräch zu kommen und gleich weitere wichtige und interessante Informationen zu erhalten. ◂

Online-Bewerbungsformulare

Manche Unternehmen bieten auf ihren Websites standardisierte Online-Bewerbungsformulare an, die Sie „nur" noch ausfüllen müssen. Diese beginnen meist mit leicht zu beantwortenden Fragen wie Ihren Personalien etc., werden dann jedoch anspruchsvoller, z. B. durch Fragen nach der Motivation für Ihre Bewerbung. Beliebt sind auch offene Fragen wie: „Nennen Sie eine Situation, in der Sie andere von einer Idee überzeugen konnten." Nehmen Sie sich die Zeit, diese Formulare auszudrucken, um sich offline in Ruhe Gedanken über Ihre Antworten machen zu können.

Sie nutzen die Stellenangebote in den Internet-Jobbörsen

Inzwischen gibt es die verschiedensten Internet-Jobbörsen von fachspezifisch bis fachübergreifend und regional bis überregional. Hier können Unternehmen ihre Stellenangebote und Bewerber ihre Gesuche platzieren. Über E-Mail können beide Kontakt miteinander aufnehmen. Die Zahl der Internet-Jobbörsen schwankt immer ein wenig. Es kommen neue hinzu, andere stellen ihre Dienste ein, weil sie sich nicht etablieren konnten. Die Anzahl der Jobbörsen liegt bei ungefähr 250. Angesichts dieser Menge sollte man davon ausgehen, dass auch für Sie etwas Passendes dabei ist. Auf Ihrer CD-ROM finden Sie die Adressen von großen und bekannten Jobbörsen als erste Hilfestellung.

CD-ROM

Die Nutzung von Jobbörsen hat wesentliche Vorteile:

Vorteile nutzen

- Sie können gezielt nach bestimmten Kriterien suchen.
- Es gibt keine nationalen Grenzen. Für Anzeigen aus dem internationalen Umfeld ist es ratsam, sich mit den speziellen Anforderungen (Anschreiben, Lebenslauf) auseinander zu setzen.
- Es besteht die Möglichkeit eines Abgleichs zwischen Ihrem Profil und dem Anforderungsprofil. Hierfür müssen Sie allerdings gezielt und wohl überlegt die Kriterien für den Vergleich eingeben.

Wie nutze ich Online-Jobbörsen?

In den Jobbörsen inserieren die Unternehmen ihre zu besetzenden Stellen. Sie finden hier Ausschreibungen, die denen in einer Zeitung gar nicht so unähnlich sind, oder eher tabellenartige Übersichten mit allen Angaben. Der große Vorteil bei Online-Jobbörsen: Sie können direkt über ein Bewerberformular oder eine E-Mail Kontakt zu den Unternehmen aufnehmen. Der Weg der Kontaktaufnahme ist bei den einzelnen Jobbörsen durchaus verschieden. Sie finden in der Regel aber ausführliche Anleitungen.

Praxis-Beispiel

StepStone

Bei StepStone (www.stepstone.de) klicken Sie z. B. auf den Button „Jobsuche" und können dann Ihre gewünschte Branche und die von Ihnen bevorzugte Region angeben.

Eine Liste der Firmen mit entsprechenden Jobangeboten erscheint. Wählen Sie eines der Angebote aus, dann können Sie die aktuelle Stellenanzeige einsehen und sich in manchen Fällen auch direkt per Online-Formular bewerben.

In das Formular geben Sie den Absender und ein persönliches Anschreiben ein. Falls Sie Ihren Lebenslauf in die Stellengesuchsdatenbank „StepStone-Profile" eingegeben haben, können Sie diesen kostenlos an die Bewerbung anhängen. Hierzu benötigen Sie Ihren StepStone-Profile-Benutzernamen und Ihr Passwort. Wenn Sie Ihre Bewerbung fertig gestellt haben, können Sie diese überprüfen und abschicken oder eventuelle Änderungen vornehmen. ◂

Praxis-Beispiel

Jobpilot

Bei Jobpilot (www.jobpilot.de) klicken Sie zunächst auf den Button „Stellenangebote" und geben die Art der Anstellung, das Einzugsgebiet der Anzeige und die Sprache des Anzeigentextes ein. Nun nennen Sie das gewünschte Berufsfeld, die Branche und die Region und starten die Suche nach den entsprechenden Jobangeboten. Die einzelnen Ergebnisse führen Sie direkt zu den jeweiligen Stellenanzeigen. Daraufhin können Sie sich teilweise per Online-Formular, teilweise per Post direkt bei den Firmen bewerben.

Sollte kein passendes Ergebnis gefunden worden sein, haben Sie die Möglichkeit, sich kostenlos unter „My Jobpilot" zu registrieren. Dieser Service hilft Ihnen, das Angebot von Jobpilot so effizient wie möglich zu nutzen. Sie erhalten kostenlos Ihre persönliche Startseite, auf der Sie Ihre Angaben (Suchprofil und Lebenslauf) hinterlegen können, die durch eine Benutzernummer und ein Passwort geschützt sind. Anschließend versorgt Jobpilot Sie per E-Mail oder SMS mit den passenden Angeboten. ◂

Experten-Tipp

Eigene Gesuche im Internet

Wenn Sie sich nicht auf schon vorhandene Stellenanzeigen bewerben, können Sie selbst ein Stellengesuch im Internet aufgeben, welches für potenzielle Arbeitgeber einsehbar ist. Ein Beispiel finden Sie unter www.oberberg.com.

Sie können auswählen, ob Ihr Stellengesuch unter Nennung Ihrer persönlichen Daten oder nur unter einer Chiffre-Nummer erscheinen soll. Wenn Sie Chiffre wählen, steht Ihr Bewerberprofil ohne Ihre persönlichen Daten im Internet. Sie erhalten eine Kennziffer, über die interessierte Unternehmen Kontakt zu Ihnen aufnehmen können. ◂

Was muss ich bei Initiativbewerbungen beachten?

In vielen Berufsfeldern bleibt Ihnen manchmal nichts anderes übrig, als sich initiativ zu bewerben, da es kaum entsprechende Ausschreibungen und Stellenangebote gibt. Initiativbewerbungen sind aber auch der richtige Weg, wenn Sie

Vorteile von Initiativbewerbungen

- Ihre Chancen über die ausgeschriebenen Stellen hinaus vergrößern wollen;
- bei bestimmten Unternehmen tätig werden wollen;
- sich auf eine bestimmte Branche fokussieren;
- regional gebunden sind und den regionalen Arbeitsmarkt ausschöpfen wollen;
- potenziellen Arbeitgebern Ihre Eigeninitiative zeigen wollen. In vielen Unternehmen werden die meisten Positionen über Initiativbewerbungen besetzt;
- nicht unter zeitlichem Druck stehen und Ihre Markchancen einmal prüfen wollen. Wenn Sie für ein Unternehmen interessant sind, wird man zu gegebenem Anlass auf Sie zurückkommen. Auch wenn im Augenblick keine Stelle frei ist.

Entscheidend für die Initiativbewerbung ist Ihre vorherige Informationssuche. Um sich mit Ihrer Bewerbung erfolgreich zu platzieren, müssen Sie auch ohne Stellenausschreibung versuchen, den Bedarf und die Interessen des Unternehmens mit Ihrer Bewerbung anzusprechen.

Experten-Tipp

Auf die richtige Sprache und Formulierung kommt es an

Wesentlich ist, dass es Ihnen gelingt, bei demjenigen, der Ihre Bewerbung liest, schnell Interesse zum Weiterlesen zu erzeugen. Klappt das nicht, besteht für ihn auch kein Grund, sich mit Ihrer Bewerbung auseinander zu setzen.

Um herauszufinden, welche Erwartungen ein Unternehmen insgesamt an Bewerber stellt, lohnt es sich, andere Stellenausschreibungen der Firma zu studieren und eventuell wiederkehrende Anforderungen aufzugreifen.

Geduld und Ausdauer

Wenn Sie Initiativbewerbungen schreiben, sollten Sie davon ausgehen, dass Sie eine größere Zahl Absagen bekommen. Ist keine Position frei, können

Sie noch so qualifiziert sein, es hilft nichts. Ihre Frustrationsschwelle sollten Sie also etwas heraufsetzen. Aber trotzdem – nur Mut: Sich bewerben ist fast immer eine Tätigkeit, die ein hohes Maß an Ausdauer erfordert.

Experten-Tipp

Aufwand reduzieren

Reduzieren können Sie die Anzahl von Absagen, wenn Sie bei den relevanten Firmen anrufen und erfragen, ob und wo Vakanzen bestehen. Ein weiterer Vorteil ist, dass Sie so für Ihre Bewerbung einen Ansprechpartner ausfindig machen, dem Sie Ihre Unterlagen persönlich zusenden können. ◂

Bei Ihrer Informationssuche sollten Sie vor allem bei kleinen und mittelständischen Unternehmen auf Verbindungen zwischen den Unternehmen achten (Schwester- oder Tochterunternehmen). Hier betreuen die Personalabteilungen oft die Schwester-/Tochterunternehmen gemeinsam. Wenn Sie diesen Unternehmen jeweils eine Bewerbung schicken, landet sie bei demselben Personalleiter. Auf den macht das zwangsläufig den Eindruck, dass Sie sich vor Ihrer Bewerbung nicht besonders intensiv über das Unternehmen informiert haben.

Experten-Tipp

Den richtigen Eindruck erzeugen

Vermeiden Sie es in jedem Fall, den Eindruck zu erwecken, Sie würden einen „Rundumschlag" mit Ihren Bewerbungen machen. Unternehmen und deren Personalverantwortliche wollen sehen, dass Sie ein besonderes Interesse an genau diesem Unternehmen haben und nicht einfach irgendeine Stelle suchen. ◂

Achten Sie auf die aktuelle Version

Informationen darüber, welche Unternehmen zusammen gehören, finden Sie z. B. im Handbuch der Großunternehmen oder der mittelständischen Unternehmen vom Hoppenstedt Verlag, ebenso im Buch Wer gehört zu wem? von der Commerzbank. Achten Sie auf die Namen der aufgeführten Personalleiter. Bei sehr großen Unternehmen und Konzernen können Sie davon ausgehen, dass auch bei Schwester-/Tochterunternehmen die Personalverwaltung getrennt ist.

Was muss ich bei Initiativbewerbungen beachten?

Ein paar Aspekte sind bei Initiativbewerbungen sehr wichtig:

- Starten Sie keine Rundumschläge in der Form, dass Sie ihre Unterlagen als Postwurfsendungen verschicken. Schreiben Sie jede Firma individuell an. Die für ein persönliches Anschreiben notwendigen Informationen über ein Unternehmen finden Sie in den angeführten Informationsmedien. *Individuelle Anschreiben*
- Versuchen Sie, im Vorfeld einen Ansprechpartner bei den jeweiligen Unternehmen herauszufinden. Hierfür reicht oft ein Anruf bei der Telefonzentrale. Erfragen Sie im Zweifel den Namen des Personalleiters. *Ansprechpartner*
- Weisen Sie in Ihrer Bewerbung auf Ihre Kenntnisse und Fähigkeiten hin. Dies gilt ganz besonders, wenn Sie über spezielle Qualifikationen verfügen. Für Ausbildungsplatzsuchende ist es wichtig, deutlich zu machen, dass Sie ein echtes Interesse an dem angestrebten Ausbildungsplatz haben und dies auch begründen können. Anschreiben in der Form: „Ich suche eine Stelle als Energieanlagenelektroniker“ oder: „Ich suche einen Ausbildungsplatz als Werkzeugmacher“ reichen nicht aus, um Interesse zu wecken. *Kenntnisse und Fähigkeiten*
- Nichts sagende Anschreiben haben bei der Vielzahl von Bewerbungen, die ein Unternehmen erreichen, wenig Chancen auf Erfolg. *Informativ*
- Wenn Sie viele Initiativbewerbungen verschicken, versenden Sie keine Papierberge. Auf Zeugnisse können Sie bei der Kontaktaufnahme verzichten, es sei denn, Sie verdeutlichen damit besondere Qualifikationen. Alle anderen Unterlagen fordern die Unternehmen bei Bedarf an. *Keine Papierberge*
- Haben Sie Geduld! Richten Sie sich darauf ein, dass Antworten auf Initiativbewerbungen in der Regel etwas länger dauern (fünf bis sechs Wochen). Die Bewerbung wird, wenn Sie positiv ankommt, von den relevanten Fachabteilungen geprüft. Erst dann können die Firmen entscheiden, ob Sie zum Vorstellungsgespräch eingeladen werden. *Geduld*

Wie formuliere ich ein ansprechendes Anschreiben für eine Initiativbewerbung?

Einfach nur zu erklären, dass Sie eine Stelle suchen, und darzustellen, was Sie alles können, reicht natürlich nicht. In dieser Beziehung sind Initiativbewerbungen anspruchsvoller und schwieriger als Schreiben auf eine Stellenausschreibung. In Annoncen macht das Unternehmen ja Aussagen darüber, wen es sucht und welche Anforderungen es stellt.
Vor dem Nichts stehen Sie trotzdem nicht, wenn Sie sich ein bisschen Mühe geben.

To Do

So gelangen Sie zu einer guten Initiativbewerbung

- Sammeln Sie Anzeigen Ihres Zielunternehmens oder der Zielbranche.
- Schreiben Sie sich die Anforderungen an Bewerber heraus.
- Sehen Sie auf die Internet-Seite des Unternehmens: Wird hier deutlich, was das Unternehmen von seinen Mitarbeitern erwartet?
- Beobachten Sie die Presse: Welche Themen und Probleme sind für Ihre Zielunternehmen oder Ihre Zielbranche gerade von besonderer Bedeutung?
- Gehen Sie in Ihrem Anschreiben auf die mehrfach genannten Anforderungen an Bewerber ein, um den Bedarf des Unternehmens zu decken.
- Wenn Sie über entsprechende Qualifikationen verfügen, können Sie Ihren Nutzen als Mitarbeiter bei der Lösung der aktuellen Fragen und Probleme ansprechen.
- Bei branchenbezogenen Bewerbungen gehen Sie gezielt auf aktuelle Fragen der Branche ein, bei denen Sie als Mitarbeiter einen Nutzen bieten können.
- Bei unternehmensbezogenen Bewerbungen (Sie wollen aus bestimmten Gründen zu genau diesem Unternehmen, die Branche steht nicht im Vordergrund) gehen Sie gezielt auf die Themen des jeweiligen Unternehmens ein.

Gute Anschreiben

Ein gutes Anschreiben für Initiativbewerbungen werden Sie ohne vorherige gründliche Informationssuche und Auswertung nicht hinbekommen.

Soll ich mein Profil in Internet-Jobbörsen platzieren?

Internet-Jobbörsen bieten eine neue und einfache Möglichkeit für eigene Aktivitäten von Bewerbern. Mit nur einer Eingabe erreicht Ihr Bewerberprofil viele Unternehmen. Interessierte können schnell und direkt Kontakt zu Ihnen aufnehmen.
Das entscheidende Kriterium ist: Wie viele relevante Informationen über mich kann ich in das Profil eingeben, um das Interesse der Unternehmen zu wecken?

Qualität geht vor Quantität

Klar kann man sich sagen: je mehr, desto besser. Aus unserer Sicht sollten Sie die Qualität der abgefragten Bewerberprofile sehr kritisch bewerten und danach entscheiden, wo Sie Ihr Profil platzieren. Zumal Sie in diesem Fall Qualität nichts kostet.

Bei der Schaltung eines Stellengesuchs in einer Jobbörse sollte Ihre Selbstdarstellung wohl überlegt sein. Wie auch bei Online-Bewerbungsformularen haben Sie nur begrenzte Möglichkeiten, durch frei formulierte Texte Interesse beim Leser zu wecken. Nutzen Sie diese richtig und überlegen Sie offline, was Sie schreiben wollen. Die unterschiedliche Qualität und deren Wirkung auf den Leser möchten wir Ihnen anhand zweier Beispiele verdeutlichen.
Zunächst ein Auszug eines sehr umfassenden Bewerberprofils. Den vollständigen Text finden Sie auf Ihrer CD-ROM.

Beispiel 1

Einkäufer/Produktmanager sucht neue Herausforderung

Frühestmöglicher Einsatztermin	September
Gewünschter Einsatzort	Europa - Deutschland, Baden-Württemberg
Gewünschter Einsatzort (Beschreibung)	Region Heilbronn
Gewünschte Beschäftigungsart	Feste Anstellung

Kurzbewerbung:

Sehr geehrte Damen und Herren,

seit acht Jahren bin ich im Fliesengroßhandel tätig, davon fünf Jahre als eigenverantwortlicher Einkäufer für den Bereich Fliesenzubehör, Baustoffe und Werkzeuge.

Zu meinen Hauptaufgaben gehörte die gesamte Disposition sowie die Reklamationsbearbeitung für den Gesamtbereich (Fliesen und Zubehör).

Vor 3 Jahren wechselte ich in den Bereich Produktmanagment. Hier verhandele ich selbstständig mit der Industrie und liefere Entscheidungsvorlagen für die Geschäftsführung. Weiterhin bin ich zuständig für die Kalkulation, die Artikeldatenpflege, die Erstellung von Preislisten und die Angebotsbearbeitung.

Ich besitze umfangreiche Marktkenntnisse und bin fit im Umgang mit dem PC.

In meiner jetzigen Position sehe ich für die Zukunft keine Perspektive mehr.

Aufgrund meiner bisherigen Erfahrungen und meiner technischen Ausbildung, suche ich deshalb eine neue fachliche und persönliche Herausforderung in Handel oder Industrie im Bereich Baustoffe, Fliesenzubehör, Bauelemente, Werkzeuge oder technische Produkte.

Die Kundenzufriedenheit ist für mich oberstes Gebot. Das bedeutet, durch partnerschaftliche Zusammenarbeit den Kunden bei der Lösung seiner Aufgaben zu unterstützen.

Zu meinen Stärken gehören meine Flexibilität, mich schnell in neue Aufgaben hineinzudenken, sowie mein zielgerichtetes und selbstständiges Arbeiten.

Ich bin nach Absprache jederzeit zu einem persönlichen Gespräch bereit. (...)

Das folgende Bewerberprofil ist hingegen wenig aussagekräftig.

Beispiel 2

Name	Mertel
Vorname	Rainer
Straße	Hangweg 3
Postleitzahl	51027
Ort	Dattenfeld
Telefon	02631/13425

Geburtsdatum	27.12.1969
Führerschein	Ja
PKW vorhanden	Nein
Schulbildung	1975–1979 Grundschule Dattenfeld 1979–1984 Realschule Waldbrück
Ausbildung	1986–1989 Ausbildung zum Industriekaufmann (Firma Hensch & Partner)
Tätigkeiten	1990 bis heute Vertriebsmitarbeiter im Außendienst (Firma Kompi & Co.KG)

Die Frage, wie interessant das zweite Bewerberprofil für ein Unternehmen ist, muss wohl nicht weiter diskutiert werden. Die Zahl der sich meldenden Firmen dürfte sehr begrenzt sein.

Einbindung der Bewerber-homepage

Manche Jobbörsen bieten die Einbindung einer Bewerberhomepage in ihr Stellengesuch an (häufig kostenpflichtig). Diese können Sie entweder selbst entwerfen oder von entsprechenden Anbietern gestalten lassen. Wenn Sie sich für diese Möglichkeit entscheiden, dann machen Sie Übersichtlichkeit und Benutzerfreundlichkeit zum obersten Entscheidungskriterium. Oft gilt: Weniger ist mehr!

Was die Anbieter leisten

- Implementierung Ihrer Bewerbungsunterlagen auf Ihrer Homepage
- Beantragung der gewünschten Domain, falls noch keine eigene Website vorhanden sein sollte
- Layout-Entwurf
- entsprechende Gestaltung des Formats der Unterlagen, damit ein interessiertes Unternehmen sie ausdrucken kann
- Auf Wunsch wird ein Passwortschutz vorgeschaltet, damit nur ausgewählte Besucher Zugriff auf Ihre Bewerbungsunterlagen haben.

Was die Anbieter zur Erstellung ihrer Präsentation benötigen

- Ihr Bewerbungsschreiben im .doc- oder .txt-Format
- Ihren Lebenslauf im .doc-oder .txt-Format mit Foto
- klare und gut leserliche Kopien Ihrer Zeugnisse (ungelocht)
- Zertifikate, Arbeitszeugnisse, Praktikumsnachweise usw.

- Ihren persönlichen Wunsch-Domain-Namen (www.ihr-name.de)
- ca. zehn Schlagwörter für die Eintragung in die Suchmaschinen

Adressen möglicher Anbieter

Unter anderem bei folgenden Anbietern können Sie diese Leistungen erhalten:

- www.denkhalle.de
- www.art-x.de
- www.jobaixperten.de

Soll ich mich an Fragebögen und Verfahren zur Bewerbervorauswahl im Internet beteiligen?

Vorteile für Unternehmen

Die Zeiten, in denen die Personalauswahl nur im persönlichen Kontakt erfolgte, sind lange vorbei. Einzelne Unternehmen gehen inzwischen dazu über, ihre neuen Mitarbeiter schon vor einem ersten Gespräch umfassender kennen zu lernen. Das Internet macht es möglich. Inzwischen werden von Bewerbern online Testverfahren, Übungsaufgaben und Fallstudien bearbeitet, anhand der Ergebnisse wird dann eine Vorauswahl getroffen. Für Unternehmen, die eine Vielzahl von Bewerbungen bearbeiten müssen, macht dieses automatisierte Vorgehen Sinn. Es bleiben nur Interessenten übrig, die die erste Hürde erfolgreich genommen haben.

Vorteil für das Unternehmen: Es spart viel Zeit und damit auch einen Teil der Rekrutierungskosten. Ist das Verfahren erst einmal entwickelt, läuft der Prozess automatisch ab, ohne dass sich ein Personalverantwortlicher in dieser Phase aktiv einschalten muss.

Grundsätzlich lassen sich folgende Formen von e-Bewerbertests unterscheiden:

- so genannte K.-o.-Listen, d. h. einfache Ja-/Nein-Fragen, mit denen harte Kompetenzen geprüft werden
- Persönlichkeitstests. Wie bei der Papierversion sollen sie die „Soft-Skills" eines Bewerbers ermitteln
- virtuelle Assessment-Center
- Bewerber-Chats, bei denen sich Jobinteressenten und Personaler austauschen können

Online-Spiel

Ein sehr anschauliches Beispiel für die Bewerbervorauswahl per Internet bietet das kostenlose Online-Spiel „Karrierejagd durchs Netz" von CY-

QUEST (www.cyquest.de), das dazu dienen soll, durch die Vermittlung von Unternehmensbotschaften Personalmarketing zu betreiben, über Assessment-Tools „Hard-Facts“ und berufsspezifische Merkmale von Bewerbern zu erheben und gleichzeitig online ein Bewerbermatching durchzuführen. Das Spiel wird nicht von einem einzelnen Unternehmen angeboten, sondern kann gleichzeitig von verschiedenen genutzt werden.

Die „Karrierejagd“ richtet sich primär an Studenten. Sie läuft semesterbegleitend sechs Monate online. Die teilnehmenden Unternehmen setzen darauf, dass der Anwender durch die begleitende Rahmenhandlung lockerer auftritt, als es normalerweise in einer Assessment-Situation der Fall wäre.

Im Rahmen der ca. zweistündigen Spieldauer – wobei das Spiel jederzeit unterbrochen und an derselben Stelle wieder aufgenommen werden kann – wird der Anwender auf zielgruppenspezifische Botschaften der teilnehmenden Unternehmen gelenkt, muss Informationen von deren Portalseiten beschaffen oder Auskunft über seine Handlungsweise innerhalb der vorgegebenen Situation erteilen. Außerdem werden Informationen über Ausbildungsstand, Sprachkenntnisse, bereits vorhandene Berufserfahrung, Hobbys und sonstige Interessen erfragt.

Praxis-Beispiel

Beispiel aus „Karrierejagd durchs Netz": Unternehmensinformation

„Im Stellenmarkt der Allianz kannst du mit nur wenigen Mausklicks schnell und einfach die aktuellen Stellenangebote durchsuchen. Hier werden jederzeit die aktuell verfügbaren Möglichkeiten aufgezeigt.

(Username) bitte schau nach, und nenne mir eine der verschiedenen Einstiegsmöglichkeiten, die es bei der Allianz gibt."

Praxis-Beispiel

Beispiel aus „Karrierejagd durchs Netz": Persönliches Verhalten

„Ned: Ich bin ein Einzelkämpfer, letztlich steh ich nicht auf Teams. (Username), und du?"

Antwortmöglichkeiten des Bewerbers:

- „Ich arbeite gern im Team, dort können alle Kompetenzen gebündelt und so optimale Lösungsmöglichkeiten gefunden werden."

- „Ich arbeite lieber alleine, in einem Team sind die Entscheidungswege meist zu lang."
- „Ich finde es am besten, in einem Team zu arbeiten, in dem jeder klar umrissene Aufgaben hat und für seinen Bereich verantwortlich ist."
- „Ich schätze die Arbeit im Team nicht nur, weil Aufgaben aufgeteilt werden, sondern auch, weil es dort Unterstützung und Hilfeleistungen für jeden gibt."
- „Ich bin da etwas unentschieden. Denn in Gruppen werden oft inkompetente oder störende Mitglieder auf Kosten der anderen mitgeschleppt."

Die gewählte Antwort kann durch einmaliges Anklicken angegeben werden. ◂

Daten

Erteilt der Bewerber am Ende des Spiels seine Einwilligung, werden folgende Daten erhoben:

- Stammdaten (z. B. Name und Adresse)
- Geburtsdatum
- soziodemografische Daten (z. B. Alter oder Familienstand)
- Aktivitätspotenzial
- soziale Kompetenz
- Problemlösefähigkeit
- ergänzende Daten zum Teilnehmer/Haushalt
- allgemeine Nutzungsinformationen, produkt- und medienrelevante Daten
- partnerunternehmensbezogene Daten zu Marken-, Produkt-, Kommunikationsmaßnahmen und Kaufverhalten

Diese Datensätze werden anonymisiert (d. h. ohne Namen, Adresse und E-Mail) gespeichert und an interessierte Unternehmen weitergegeben, falls diese ein vorteilhaftes und interessantes Angebot für den Bewerber haben. Dieser wird von CYQUEST über eingegangene Jobangebote informiert und kann daraufhin direkt mit den interessierten Unternehmen in Verbindung treten.
Außerdem bekommt der Teilnehmer am Ende des Spiels von CYQUEST eine Einschätzung seiner Soft-Skills zugemailt.

Soll ich Unternehmen anrufen und nach offenen Stellen fragen?

Setzen Sie sich an einem ruhigen Nachmittag, wenn Sie gut gelaunt sind, ans Telefon und rufen Sie die Unternehmen, bei denen Sie gern tätig werden würden, an. Warum ruhig und gut gelaunt? Ganz einfach: Wenn Sie nicht gerade aus dem Vertrieb kommen und Kaltakquisition bei Kunden gelernt haben, werden Ihnen solche Gespräche vielleicht nicht ganz leicht fallen.

Experten-Tipp

Nicht nur Worte zählen

Auch wenn Ihr Gesprächspartner Sie nicht sieht, kommunizieren Sie über Ihre Stimme und Ihr Gesprächsverhalten viele nonverbale Botschaften. Gut gelaunt zu sein trägt massiv dazu bei, dynamisch und sympathisch zu wirken und Interesse zu wecken.

Das heißt natürlich im Umkehrschluss, dass Sie Ihre Chancen, wenn Sie schlecht oder gar nicht vorbereitet an diese Gespräche herangehen, womöglich reduzieren.

Die telefonische Anfrage hat auf jeden Fall einen Vorteil: Sie können Ihre zeit- und kostenaufwändigen Bewerbungen auf erfolgsversprechende Firmen begrenzen. Wenn es keine Positionen zu besetzen gibt, lohnt sich auch eine Bewerbung nicht.

Auch im Telefongespräch ist der erste Eindruck entscheidend für den weiteren Verlauf Ihrer Anfrage. Schon in den ersten Sekunden bildet sich Ihr Gesprächspartner eine Meinung. Worauf sollten Sie also achten?

To Do

Darauf sollten Sie achten

- Informieren Sie sich vorher über das Unternehmen, damit Sie eventuelle Rückfragen beantworten können.
- Versuchen Sie, den richtigen Ansprechpartner herauszufinden. In vielen Unternehmen ist es der Personlleiter, häufig werden Anfragen aber auch von Personalreferenten bearbeitet.

- Überlegen Sie sich Ihren ersten Satz. Schreiben Sie ihn sich auf, dann können Sie ihn im Notfall ablesen. Die schriftliche Notiz gibt Ihnen Sicherheit und die kommunizieren Sie in Ihrer Stimme.
- Um den Einstieg zu finden, können Sie auch Bezug auf eine andere Stellenausschreibung nehmen oder Ihr Interesse an dem Unternehmen begründen.
- Notieren Sie sich Ihre Fragen: Was wollen Sie wissen?
- Legen Sie Ihre Standortbestimmung neben sich. Was qualifiziert Sie für die Position, die Sie anfragen?
- Lächeln Sie, wenn Sie den Hörer abnehmen, Ihr Gesprächspartner kann Ihr Lächeln „hören".
- Melden Sie sich klar und deutlich mit Ihrem Vor- und Nachnamen, damit erwecken Sie mehr Sympathie als nur mit dem Nachnamen.
- Schreiben Sie sich den Namen des Gesprächspartners auf und reden Sie ihn mit Namen an.
- Wenn Sie den richtigen Gesprächspartner am Apparat haben, fragen Sie ihn zunächst, ob er einen Moment Zeit hat.
- Nennen Sie dann Ihr Anliegen, und wie Sie auf das Unternehmen kommen. Beschreiben Sie kurz Ihren Beruf und entscheidende zusätzliche Qualifikationen. Sprechen Sie die Sie interessierenden Tätigkeitsbereiche bzw. die gewünschte Position an und fragen Sie, ob dort im Augenblick oder in absehbarer Zeit eine Stelle zu besetzen ist.

Wenn Ihr Gesprächspartner Interesse an Ihren Unterlagen bekundet,

- fragen Sie ihn, ob Sie sich in Ihrem Bewerbungsschreiben auf das Gespräch mit ihm beziehen können oder ob Sie Ihr Anschreiben an eine andere Person richten sollen.
- sichern Sie sich bezüglich der richtigen Schreibweise des Namens Ihres Gesprächs- oder des Ansprechpartners für Ihre schriftliche Bewerbung ab. Ein falsch geschriebener Name macht keinen guten Eindruck. ◄

Experten-Tipp

Anschreiben nach dem Telefonat

Auch nach einem ausführlichen Telefongespräch formulieren Sie ein komplettes Anschreiben. Erwarten Sie nicht, dass Ihr Gesprächspartner die Informationen behält, die Sie ihm am Telefon gegeben haben. Gehen Sie immer davon aus, dass ein Personalverantwortlicher mehrere telefonische Anfragen und viele Bewerbungen erhält. ◄

Sind eigene Stellengesuche in der Zeitung sinnvoll?

Eine Stellenanzeige in Printmedien ist vergleichbar mit einem Bewerberprofil in Internet-Jobbörsen. Wesentlicher Unterschied: Sie haben meist nicht die gleiche Reichweite. Wahrgenommen wird Ihre Anzeige häufig nur von einem begrenzten Leserkreis; der ist meist jedoch wirklich interessiert. Das gilt für regionale Zeitungen genauso wie für überregionale und Fachzeitschriften. Trotzdem sollten Sie diese Möglichkeit nutzen:

Nutzen von Zeitungsannoncen

- Wenn eine Position kurzfristig besetzt werden muss, sehen viele Personalverantwortliche erst einmal die Stellengesuche von Bewerbern in den Zeitungen durch.
- Für viele Personalverantwortliche und Personalberater gehört das Studium der Stellengesuche zu den Dingen, die sie auf der Suche nach guten neuen Mitarbeitern regelmäßig tun.
- Wer einen Spezialisten sucht, wird um die Stellengesuche in Fachzeitschriften nicht herumkommen, hier erreichen Sie mit Ihrer Stellenausschreibung genau Ihre Zielgruppe.
- Sie beweisen Initiative, und das wird geschätzt.
- Suchen Sie im regionalen Arbeitsmarkt eine neue Position, erreichen Sie mit Ihrer Anzeige Ihre Zielgruppe.
- Wenn Sie aufgrund Ihrer Annonce eingeladen werden, steigen die Chancen auf eine Einstellung erheblich. Die Anzahl der Bewerber ist wesentlich geringer, als wenn das Unternehmen selbst eine Anzeige schaltet.

Experten-Tipp

Eigene Anzeigen wirken positiv

Es ist ein Irrtum, wenn Sie Stellengesuche mit Kontaktadressen gleichsetzen. Ein Stellengesuch aufzugeben bedeutet nicht „Ich kriege sonst keine Stelle", sondern „Ich bin aktiv und nutze meine Chancen."

Was ist wichtig, wenn ich eine Anzeige schalte?

Werbung in eigener Sache

Das oberste Kriterium bei einer Anzeigenschaltung ist: Mit Ihrem Stellengesuch wollen Sie für sich werben. Die Kunst besteht darin, den „goldenen

Mittelweg“ zwischen sachlichem Informationsgehalt und Eigenwerbung zu finden.

Drei Anforderungen sollten Sie erfüllen:

Anforderungen

- Stellen Sie Ihre Fähigkeiten und Kenntnisse klar und prägnant heraus.
- Finden Sie einen Weg, mit der Anzeige Aufmerksamkeit zu wecken, ohne dass sie übertrieben witzig oder gar „plump“ wirkt.
- Versuchen Sie, dem „Personalprofi“ schon in der Anzeige Ihren Nutzen für das Unternehmen darzustellen.

Wie erfüllen Sie nun diese Anforderungen? Die FAZ gibt in ihrer Broschüre „Erfolgreiche Stellengesuche in der Frankfurter Allgemeinen Zeitung“ hierzu nützliche Hinweise. Im Folgenden finden Sie einige Anregungen daraus.

Kernbotschaft

- Vermitteln Sie die Kernbotschaft. Eine Stellenanzeige sollte bereits auf den ersten Blick die Aufmerksamkeit des Lesers auf sich ziehen und die Kernbotschaft vermitteln. Ihre Kernbotschaft ist letztendlich das, was Sie zu bieten haben: Ihr Beruf bzw. die Position, die Sie besetzen können.

Bankkauffrau, Geschäftkundenbetreuung

Disponent

Außenhandelskaufmann

Russisch und Arabisch verhandlungssicher

Leiter Marketing Industriegüter

Nur aktuelle Kompetenzen

- Nennen Sie die Tätigkeit, die Sie ausüben und/oder die Sie in Zukunft ausüben wollen. Allgemeine oder für Sie nicht mehr aktuelle Bezeichnungen (ehemalige Krankenschwester sucht neuen Wirkungsbereich) führen nicht zum gewünschten Ergebnis.

Hervorhebungen

- Damit sich Ihre Schlagzeile abhebt, setzen Sie sie größer und fett. Gegebenenfalls können Sie auch einen anderen Schrifttyp wählen:

Geschäftsführungssekretärin

Lohnbuchhalter mit SAP-Kenntnissen

Aufmerksamkeit erzeugen

- Den Aufmerksamkeitswert Ihrer Anzeige erhöhen Sie, wenn Sie die gesamte Anzeige in einen Rahmen setzen. Damit hebt sie sich deutlicher von anderen ab.

Welche Informationen müssen in meiner Anzeige stehen?

Viele Stellensuchende versuchen, eine möglichst breite Zielgruppe anzusprechen, indem sie ihre Anzeige sehr allgemein halten. Leider verfehlen sie damit die gewünschte Wirkung: Die Anzeige bleibt nichts sagend, je nach Text vielleicht amüsant zu lesen, aber leider nicht mehr.

> **Allroundtalent (51 Jahre),**
>
> breite und vielfältige Erfahrung in Führung und Technik, sucht neue, verantwortungsvolle Aufgabe in Wirtschaftsunternehmen oder öffentlichem Dienst. Zuschriften erbeten unter Chriffre-Nr.: XJ 5518

Wer soll auf diese Anzeige antworten? Hier ist alles und nichts möglich. Wenn Sie schon eine Anzeige schalten, dann sollten Sie auf solche Texte verzichten und Ihr Geld sinnvoller investieren.

Leserorientiert

Bei der Gestaltung des Anzeigentextes gilt es, alle wesentlichen Informationen, die Sie für ein Unternehmen attraktiv machen, zu vermitteln und gleichzeitig ein „Zuviel“ an Text zu vermeiden. Viel Text hält eher vom Lesen ab. Man sucht erst einmal weiter. Das kann zur Folge haben, dass der Leser andere attraktive Anzeigen findet und „vergisst“, sich Ihre Anzeige ein zweites Mal anzusehen.

Experten-Tipp

Schreiben Sie leserorientiert

Stellen Sie sich vor, Sie wollen eine Position besetzen. Was würden Sie dann von den Bewerbern wissen wollen, um sagen zu können, ob jemand passen könnte oder nicht? Das schreiben Sie in Ihre Anzeige.

Wichtige Informationen

Für ein Stellengesuch wichtig sind folgende Informationen:

- der von Ihnen gesuchte Aufgabenbereich: Bedenken Sie, die angesprochenen Arbeitgeber wollen einen konkreten Besetzungsbedarf decken und nicht überlegen müssen, wo man Sie einsetzen könnte.
- Ihre persönlichen Daten (Geschlecht, Alter, Familienstand)
- Ihre Ausbildung (Schulabschluss, Ausbildung, Uni). Immer die letzten und zusätzlich sehr wichtige Qualifikationen
- Ihre besonderen Fähigkeiten und Kenntnisse. Stellen Sie diese deutlich in knapper, prägnanter Form heraus. Dabei geht es um die für die gesuchte Position wesentlichen Fähigkeiten, nicht um alles, was Sie jemals gemacht haben.
- Angabe Ihrer Berufspraxis (wie viele Jahre Sie in den einzelnen Einsatzgebieten gearbeitet haben – Beispiel: „fünf Jahre Praxis als Gruppenleiter Qualitätssicherung“)
- die Branche, in der Sie zurzeit tätig sind bzw. in der Sie bis vor kurzem tätig waren
- den Ort bzw. die Region, wo Sie arbeiten wollen. Wenn Sie regional ungebunden sind, schreiben Sie das in die Anzeige (z. B. „uneingeschränkt mobil“), ansonsten benennen Sie die Region, in der Sie suchen (z. B. „Raum Kassel +/– 80 km“)
- eventuelle Gründe, warum Sie sich verändern wollen (nicht unbedingt erforderlich)
- Ihren möglichen Wechsel- bzw. Einstiegstermin. Schreiben Sie den konkreten Termin oder „in ungekündigter Stellung“, damit ein interessierter Arbeitgeber kalkulieren kann.

Experten-Tipp

Chiffre-Anzeigen

Wenn Sie selbst suchen, sollten Sie eine Chiffre-Anzeige aufgeben. Es muss ja nicht jeder wissen, dass Sie einen Job suchen. Mit einem freundlichen Satz können Sie Pluspunkte gewinnen. Schreiben Sie z. B. „Ich freue mich über Ihre Kontaktaufnahme unter Chiffre ..." anstatt „Zuschriften erbeten unter Chiffre ...".

Als Anregung haben wir eine Anzeige entworfen:

Dipl. Psychologin
(Arbeits- u. Organisationspsychologie)

38 Jahre, mit 8 Jahren Erfahrung in: Mitarbeiterauswahl u. -beurteilung, Führungskräfteentwicklung, Einarbeitungsprogrammen, betrieblicher Ausbildung, Durchführung von innerbetrieblichen Trainings und Workshops in englischer u. spanischer Sprache

sucht neue Position im
Human Resource Management mit
Führungsverantwortung

Gute betriebswirtschaftliche u. arbeitsrechtliche Kenntnisse, Ausbildereignungsprüfung. Mobil im Großraum Hamburg.
Ich freue mich über Ihre Zuschrift unter Chiffre ... an die ...

In dieser Anzeige sind Ausbildung/Qualifikation, berufliche Erfahrung, Zielposition sowie besondere Kenntnisse und Fähigkeiten (Englisch, Spanisch, Ausbildereignungsprüfung und betriebs- und arbeitsrechtliche Kenntnisse) deutlich benannt, ebenso Zielposition und der Rahmen der Mobilität.

Die richtige Wortwahl

Seien Sie vorsichtig mit fachspezifischen Bezeichnungen und Abkürzungen, die nicht allgemein gültig und bekannt sind. Der hier gewählte Begriff „Human Resource Management" ist im Personalbereich vertraut und damit auch in der Anzeige passend.

Fragen Sie sich bei jeder Aussage, die Sie in Ihre Anzeige aufnehmen wollen, welche Schlüsse ein Leser (der ja nur über sehr begrenzte Informationen über Sie verfügt) aus Ihren Angaben ziehen kann. Fragen Sie Freunde, wie sie die Informationen der Anzeige lesen und interpretieren.

Experten-Tipp

Die richtige Größe

Gestalten Sie Ihre Anzeige nicht zu klein, sie wird sonst zu schnell übersehen. Vor allem sollten Sie keine Mini-Anzeige mit viel Inhalt und sehr kleiner Schrift wählen. Denken Sie immer daran: Bei der ersten Betrachtung erfolgt nur ein grobes Scannen/Überfliegen einer Seite. Es wäre schön, wenn das Auge des Betrachters schon dabei an Ihrer Anzeige hängen bliebe. ◂

Vorsicht vor Formulierungsfallen

Manchmal führt die Kombination von bestimmten Merkmalen zu Skepsis beim Leser. Nachfolgend finden Sie eine Zusammenfassung von möglichen Fehlerquellen, die Sie vermeiden sollten.

Aussage und Wirkung von Anzeigentexten

Aussage	Anmerkungen/Verbesserungsvorschläge
Sie sind noch sehr jung, aber beruflich schon sehr weit: „Betriebswirt, Dr. oec, 27 Jahre, sucht Position mit Führungsverantwortung."	■ Verzichten Sie auf die Angabe Ihres Alters oder machen Sie deutlich, warum Sie für diese Position qualifiziert sind.
Sie sind etwas älter, aber noch Berufsanfänger: „Dipl. Energieelektroniker, 34 Jahre, sucht Anfangsposition in der Produktentwicklung."	■ Haben Sie auf dem zweiten Bildungsweg studiert, dann machen Sie das deutlich. ■ Verzichten Sie auf den Begriff „Anfangsposition". ■ Verzichten Sie auf die Angabe Ihres Alters.
Sie sind noch relativ jung und hatten schon viele verschiedene Positionen: „Industriekaufmann, 30 Jahre, mit Erfahrungen in Einkauf, Vertriebsorganisation, Vertriebsinnen- und Außendienst in Unternehmen der Konsum- und Industriegüterindustrie sucht neue Position mit langjähriger Bindung."	■ Leser könnten vermuten, dass Sie es nicht lange in einer Position aushalten und auch eine neue Stelle schnell wieder verlassen. ■ Beschränken Sie sich auf die Nennung Ihrer letzten Position und wichtiger Kenntnisse oder Erfahrungen, die Sie insgesamt erworben haben.

Aufgabe einer attraktiven Position: „Bankkauffrau, 32 Jahre, Leiterin Auslandsgeschäft große Filialbank, sehr gute Englisch-, Spanisch- und Portugiesisch-Kenntnisse in ungekündigter Stellung, sucht neue, gleichwertige Position."	■ Es kommt leicht der Verdacht auf, „da stimmt etwas nicht". ■ Geben Sie Gründe für Ihren Wechsel an (z. B. Wechsel des Wohnorts etc.). ■ Verzichten Sie auf den Ausdruck „gleichwertige Position".
Unkonkrete Angaben in der Schlagzeile: „Suche Tätigkeit im Handel" oder: „Auslandstätigkeit gesucht"	■ Bedenken Sie, dass Personalfachleute nach Bewerbern mit bestimmten Qualifikationen für bestimmte Positionen suchen. ■ Konkretisieren Sie die Angaben über Position oder Kenntnisse weiter.
Verwendung von Floskeln und Begriffen, die alles und nichts aussagen: „vielfach qualifizierter ..." „vielfältig interessierter ..." „selbstständig arbeitender ..." „Vertriebsprofi ..."	■ Der Leser erhält keine verwertbaren Informationen; alles ist zwar wünschenswert, aber viel zu unkonkret. ■ Geben Sie konkrete Informationen über das, was Sie können und wissen.
Angabe von Wechselgründen: „aus persönlichen Gründen"	■ Sie müssen in einer Anzeige nicht angeben, warum Sie wechseln wollen. ■ „Aus persönlichen Gründen" kann leicht zu Fehlinterpretationen führen. ■ Bei gewünschtem Ortswechsel kann die Angabe des Grundes empfehlenswert sein, um zu erklären, warum Sie z. B. als Münchner eine Position in Dortmund suchen.

Kritische Aspekte

Aspekte im Lebenslauf, die erläuterungsbedürftig sind, sollten Sie sich für das persönliche Gespräch aufheben. Dort lassen sie sich besser erklären.

Anzeigengestaltung

Wählen Sie bei der Gestaltung der Anzeige ein klares, gut lesbares Schriftbild. Schlagzeile und Fließtext sollten unterschiedliche Größen haben. Heben Sie die Schlagzeile durch Fett-Satz hervor.

Wenn Sie über einen PC verfügen, können Sie den Entwurf Ihrer Anzeige selbst anfertigen und bei der Zeitungsredaktion einreichen. Lassen Sie sich die Umsetzung Ihres Entwurfs im Drucksatz zeigen. Entwurf und Druckbild der Zeitungen können sich zum Teil erheblich unterscheiden. Gefällt Ihnen das Druckbild nicht, lassen Sie es anpassen. Wenn Sie keinen Entwurf anfertigen, sollten Sie sich die Mühe machen, die Gestaltung Ihrer Anzeige mit der zuständigen Redaktion genau abzusprechen. Lassen Sie sich hierfür verschiedene Anzeigenentwürfe und Gestaltungsmöglichkeiten zeigen.

Welche Zeitungen kommen für meine Anzeige in Frage?

Regionale Tageszeitungen

Wenn Sie regional gebunden sind, kommen alle Tageszeitungen mit einem etablierten Stellenmarkt in Frage. Zum Teil haben sich so genannte „Anzeigenblätter" als regionaler/örtlicher Stellenmarkt etabliert. Hier erscheinen die Anzeigen in der Regel nicht am Wochenende, sondern innerhalb der Woche. Nutzen Sie auch diese Medien, zumal die Anzeigen häufig bedeutend kostengünstiger sind.

Experten-Tipp

Der richtige Ansprechpartner

Die Redaktionen der regionalen Tageszeitungen stehen in der Zeitung selbst (Impressum). Die richtigen Ansprechpartner für die Rubrik „Stellenmarkt" dagegen finden Sie sowohl für die regionalen wie für die überregionalen Tages- und Wochenzeitungen häufig auf der Website der jeweiligen Zeitung. ◂

Überregionale Tageszeitungen

CD-ROM

Suchen Sie überregional, dann sollten Sie auf die überregionalen Tages- und Wochenzeitungen sowie auf Fachzeitschriften zurückgreifen. In der folgenden Auflistung finden Sie eine Auswahl der wichtigsten. Die jeweiligen Adressen finden Sie auf Ihrer CD-ROM.

- Frankfurter Allgemeine Zeitung (Deutschlands größter und bedeutendster und daher auch teuerster Stellenmarkt für Fach- und Führungskräfte)
- Frankfurter Rundschau
- Die Welt
- Süddeutsche Zeitung
- Westdeutsche Allgemeine Zeitungsverlagsgesellschaft
- VDI Nachrichten

- Die Zeit (stärker im geisteswissenschaftlich-universitären und sozialen Bereich, z. B. Professuren, Chefarzt-Positionen, Sozialarbeiter/Pädagogen etc.)
- Handelsblatt

Fachzeitschriften

Fast alle Fachzeitschriften haben einen Stellenmarkt. Hier schalten Sie Ihre Anzeige häufig deutlich günstiger und sprechen genau Ihre Zielgruppe an. Beispiele sind:

- W&V (Werben und Verkaufen) (für Marketing- und Vertriebsfachleute)
- NJW (Neue juristische Wochenzeitschrift)
- Börsenblatt für den deutschen Buchhandel (für Buchhandel und Verlage)
- Computerwoche (für EDV-Berufe)

Auch die Adressen der Fachzeitschriften können Sie auf Ihrer CD-ROM nachschlagen.

Außerdem sollten Sie die Möglichkeiten prüfen in

- den Fachorganen der einzelnen Berufsgruppen (zu empfehlen bei sehr spezifischen Qualifikationen) und in
- Studentenzeitungen (z. B. FORUM) bei der Suche nach einer Nachwuchsposition für Fach- und Führungskräfte .

Gezielte Informationen zu Printmedien

Eine Informationsquelle zu Printmedien ist der STAMM (www.stamm.de). In diesem Nachschlagewerk finden Sie das umfangreichste Verzeichnis der deutschen Printmedien mit Angaben zu Verlag, Anzeigenleitung und verantwortlichen Redakteuren, Erscheinungsweise, Verbreitungsgebiet, Auflage, Anzeigenpreisen und anzeigentechnischen Daten. Alle Printmedien sind titelalphabetisch, Zeitschriften darüber hinaus nach Lesergruppen sortiert.

Experten-Tipp

Erst prüfen, dann handeln

Bevor Sie entscheiden, wo Sie eine Anzeige schalten, prüfen Sie Ihre persönliche Situation:

- Sind Sie regional gebunden?
- Suchen Sie eine Sachbearbeiter-, Spezialisten- oder Führungsposition? Oder einen Ausbildungsplatz?

Wenn Sie regional ungebunden sind und eine Spezialisten- oder Führungsposition anstreben, empfehlen wir Ihnen, in großen überregionalen Zeitungen oder Fachzeitschriften zu inserieren.

Kosten

Anzeigen, insbesondere in großen überregionalen Zeitungen, sind nicht gerade preiswert. Meist gilt die Regel: je größer die Reichweite, desto höher die Kosten. Allerdings können Sie die Ausgaben für Ihr Inserat steuerwirksam ansetzen.

Lassen Sie sich nicht von der ersten Preisangabe abschrecken. Fragen Sie bei verschiedenen Zeitungen und Fachzeitschriften an. Wägen Sie genau ab, mit welchem Printmedium Sie Ihr Ziel am besten erreichen, wie groß die Reichweite Ihrer Anzeige wirklich sein muss. Es macht keinen Sinn. in der FAZ zu inserieren, wenn Sie den Großraum Hamburg nicht verlassen wollen.

Experten-Tipp

Der richtige Zeitpunkt

Überlegen Sie, wann Sie Ihre Anzeige schalten. Eine Annonce in der Hauptferienzeit oder an einem Wochenende mit vorausgehendem Feiertag wird von weniger Leuten gelesen als die nach einer normalen Arbeitswoche.

Wie gehe ich mit den Rückmeldungen von Unternehmen um?

Wenn Sie eine Anzeige schalten, hoffen Sie, dass Unternehmen Kontakt mit Ihnen aufnehmen. Je nach Position, Region und Arbeitsmarktsituation werden Sie mehr oder weniger Antworten bekommen. Bei einem interessanten Inserat für eine Stelle, für die schwer Bewerber zu finden sind, können schon mal über einhundert Antworten eingehen.

Formen der Rückmeldungen

Die Rückmeldungen, die Sie von Unternehmen bekommen, sind in der Regel sehr unterschiedlich:

- Kurzbrief mit der Bitte um Kontaktaufnahme
- Bewerberbogen mit der Bitte um Rücksendung
- Bitte um Zusendung der vollständigen Unterlagen
- Brief mit Einladung zu einem Gespräch

Auch der Stil kann – von kurz und sachlich bis freundlich und werbend – variieren. Er sagt etwas über den Stil des Unternehmens aus, sollte in der ersten Phase aber nicht überbewertet werden.

Experten-Tipp

Systematische Auswertung der Anschreiben

Nehmen Sie Ihre Analyse zu Ihrer Zielposition als Leitfaden für die Einschätzung der Antwortschreiben. Welche Unternehmen entsprechen Ihren Vorstellungen und Zielen am meisten? Zu diesen sollten Sie zuerst Kontakt aufnehmen.

Kontaktaufnahme

Ihre Kontaktaufnahme sollte der Antwort des Unternehmens entsprechen:

- Wird um Kontaktaufnahme gebeten, rufen Sie die angegebene Person an.
- Ist beim Wunsch nach einer Kontaktaufnahme kein konkreter Ansprechpartner angegeben, nehmen Sie erst schriftlich Kontakt auf. Dabei können Sie Ihren Lebenslauf beifügen.
- Erfüllen Sie den Wunsch nach vollständigen Unterlagen, wenn Sie um diese gebeten werden. Wird dagegen um Kontaktaufnahme ersucht, sollten Sie erst im Kontakt erfragen, ob und welche Unterlagen gewünscht werden.

Experten-Tipp

Behalten Sie den Überblick

Damit Sie auch bei umfangreichen Bewerbungsaktivitäten und verschiedenen Bewerbungswegen nicht den Überblick verlieren, sollten Sie sich eine Checkliste wie die folgende anlegen, in der Sie dokumentieren, welche Kontakte und welchen Schriftverkehr Sie mit wem hatten. Ein Ordner, in dem Sie alle

Dokumente von Anfang an abheften, vermeidet Suchen und Orientierungslosigkeit.

Checkliste

Kontaktcheckliste	
Unternehmen	
Ansprechpartner	
Schriftliche Kontakte	
Telefonische Kontakte	
Vorstellungsgespräch	
Absage	
Anmerkung	

Wie lese ich Stellenausschreibungen?

Praxis-Beispiel

Ausschreibungen richtig interpretieren

Peter M. ist seit einigen Wochen auf Stellensuche. Er ist schon viele Stellenanzeigen durchgegangen und hat inzwischen aus Erfahrung gelernt, dass es wenig Sinn macht, einfach ein Standardschreiben zu versenden. Seit ihm jemand erklärt hat, wie er Stellenausschreibungen interpretiert, richtet er alle Anschreiben spezifisch auf die Ausschreibungen aus. Seine Bewerbungen werden dadurch erfolgreicher. Er hat mehr Einladungen zum Gespräch als früher.

Internet und Printmedien

Wenn es um das richtige Lesen und Interpretieren von Stellenanzeigen geht, ist es gleichgültig, ob diese aus dem Internet oder aus Printmedien stammen. Bei Ausschreibungen im Internet haben Sie den Vorteil, dass die Unternehmen ggf. mehr Informationen in ihre Stellenausschreibung aufgenommen haben, da der Preis einer Anzeige im Gegensatz zu den Printmedien nicht von der Anzeigengröße abhängig ist.

Wichtige Informationen herausfiltern

Auf die Auswertung einer Anzeige sollten Sie ausreichend Zeit verwenden. Um erfolgreich zu sein, reicht es nicht, die Annonce einmal zu lesen und dann die Bewerbung zu versenden. Eine erfolgreiche Bewerbung können Sie nur dann verfassen, wenn Sie herausgefunden haben,

- wen genau das Unternehmen sucht
- welche Anforderungen es stellt
- wie die Unternehmenskultur beschrieben wird und wer dazu passt
- ob die Leistungen des Unternehmens zu Ihren Vorstellungen passen.

Erst mit diesen Informationen können Sie entscheiden, ob die Position für Sie in Frage kommt und eine Bewerbung erfolgreich sein könnte.

Experten-Tipp

Systematik wird belohnt

Gehen Sie bei der Auswertung von Stellenausschreibungen systematisch vor. Nutzen Sie die unten angeführte Checkliste. Hilfreich kann es auch sein, die Anzeigen eines Unternehmens in Bezug auf verschiedene Positionen auszuwerten. So erfahren Sie, ob es wiederkehrende Aussagen gibt. Dies werden Aspekte sein, die dem Unternehmen besonders wichtig sind. ◂

Hüten Sie sich davor, auf eine irgendwie passende Anzeige einfach mal eine Bewerbung zu senden. Was dabei rauskommt, demonstriert nachfolgendes reales Beispiel einer Antwort auf das folgende von uns im Internet geschaltete Stellengesuch für Praktikanten:

Praxis-Beispiel

Firma: grow.up. Managementberatung GmbH

Sitz: Gummersbach

Beschreibung des Unternehmens:

grow.up. Managementberatung GmbH – Der Name bezeichnet Inhalt, Programm und Vorgehensweise.

Mit professionellen Methoden, innovativen Ideen und bewährten Vorgehensweisen beraten und unterstützen wir unsere Kunden seit 1997 in allen Fragen des professionellen Human Resource Managements. In den Tätigkeitsfeldern Diagnostik, Qualifizierung und HR-Strategie entwickeln und implementieren wir für Unternehmen Programme, Trainings, Systeme und Instrumente, die nutzbringend, umsetzbar und motivierend sind.

Branche: Managementberatung

Anzahl der Plätze: 2

Berufsfelder des Praktikums: HR-Consulting, Personalentwicklung, Aus- und Weiterbildung, Training

Aufgaben: Sie erhalten einen umfassenden Einblick in die Prozesse der Management- und HR-Beratung. Instrumente der Personalentwicklung lernen Sie von der Konzeption bis zur Umsetzung kennen. Sie unterstützen uns bei der Organisation und der Gestaltung unserer Kundenprojekte und arbeiten aktiv in der Kundenbetreuung mit. Ihre Hauptaufgaben liegen in der Entwicklung und Konzeption von Instrumenten für HR-Prozesse und Trainingsprojekte. Sie hospitieren bei Workshops, Trainings und Assessment-Centern. Die Vor- und Nachbereitung dieser Maßnahmen gehört zu Ihrem Aufgabenspektrum. Entsprechend Ihren Vorkenntnissen und Kompetenzen arbeiten Sie selbstständig und mit wachsender Verantwortungsübernahme.

Anforderungen: Sie befinden sich im Hauptstudium Psychologie, Schwerpunkt Arbeits- und Organisationspsychologie. Ihr Arbeitsstil ist gekennzeichnet durch Eigeninitiative, Flexibilität und Kreativität. Sie schätzen selbstständiges und eigenverantwortliches Arbeiten im Team. Ihr persönliches Auftreten ist durch hohe Kundenorientierung gekennzeichnet. Sie verfügen über sehr gute Anwenderkenntnisse des MS-Office-Pakets und gute Englischkenntnisse in Sprache und Schrift.

Beginn: nach Absprache

Dauer: mindestens 2 Monate, gern länger

Vergütung: nach Absprache

Kontakt:

grow.up. Managementberatung GmbH

Auf dem Inken 3a

51647 Gummersbach

Tel. 02261/919589

Fax: 02261/919576

E-Mail: info@grow-up.de

Hier ein abschreckendes Beispiel – eine E-Mail-Antwort auf obige Annonce:

Abschreckendes Beispiel einer Antwort

Von: Rico Fernandez [fernandez@gmx.com]

Gesendet: Montag, 20. April 2004 21:17

An: grow.up. Managementberatung

Betreff: Praktikum Bewerbung

Rico Fernandez

Auf dem Tore 2

97632 Berlin

Berlin, den 20.04.2004

Sehr geehrte Frau Elke Schneider,

ich habe von Ihnen durch Internet erfahren und ich möchte mich bei Ihnen für ein Praktikum bewerben. Besonders interssiert bin ich an Aufgaben im Im– und Exportbereich, allerdings bin ich auch offen für verschiedene Aufgaben im Kaufmännischen-, Marketing- oder Verwaltungsbereich.

Ich möchte die durch mein internationales Studium erworberen kentnisse in ihrem Unternemen best möglich einsetzen.

Anbei finden Sie Meinen Lebenslauf für Ihre Unterlagen.

Ich freue mich von Ihnen zu hören.

Mit freundlichen Grüßen,

Rico Fernandez

So extrem wie in diesem Beispiel muss es noch nicht einmal sein. Der Bewerber bewirbt sich nicht nur auf eine Position, die gar nicht angeboten wird, sein kurzes Schreiben enthält auch noch zahlreiche Rechtschreibfehler. Sie können sicher sein: Für Personalentscheider ist es ärgerlich, Bewerbungen in die Hand zu bekommen, die nicht im Geringsten auf die in der Anzeige verlangten Anforderungen eingehen oder gänzlich unpassend sind. Die Bewerbung macht lediglich deutlich: Ich bewerbe mich auf alles – was, ist mir egal. Die Rücksendung erscheint schon als Fehlinvestition. Eine Stelle bekommen Sie so sicher nicht.

Checkliste für die Anzeigenanalyse

Zur Unterstützung für Ihre Anzeigenanalyse bietet sich folgende Checkliste an, die Sie selbstverständlich auch auf Ihrer CD-ROM finden. So können Sie sie einfach in Ihre Textverarbeitung übernehmen und in beliebiger Anzahl ausdrucken.

Frage	**Informationsgewinn**
Was sagt das Unternehmen über sich?	
■ Größe	
■ Produkte/Dienstleistungen	
■ Marktposition	
■ Mitarbeiter	
■ Kultur	
■ Abgrenzung zum Wettbewerb	
■ Sonstiges	
Was wird über die zu besetzende Stelle ausgesagt?	
■ Aufgaben-/Tätigkeitsbereich	
■ Selbstständigkeit	
■ Verantwortungsbereich	
■ Hierarchische Einbindung	
■ Karrieremöglichkeit	
■ Sonstiges	
Welche fachlichen Anforderungen werden an den Positionsinhaber gestellt?	

■ Ausbildung	
■ Studium	
■ Berufserfahrung	
■ Zusatzqualifikation	
■ Sprachkenntnisse	
■ EDV-Kenntnisse	
■ Sonstiges	
Welche sozialen Kompetenzen werden gefordert?	
■ Führungsqualität	
■ Teamfähigkeit	
■ Durchsetzungsvermögen	
■ Unternehmerisches Denken	
■ Kundenorientierung	
■ Sonstiges	
Welche personenbezogenen Erwartungen werden formuliert?	
■ Alter	
■ Familienstand	
■ Geschlecht	
■ Sonstiges	
Was wird als für das Unternehmen und die Position wichtig beschrieben?	
■ Fexibilität	
■ Mobilität	
■ Reisetätigkeit	
■ Sonstiges	
Was bietet das Unternehmen?	
■ Festeinkommen	
■ Variables Einkommen	
■ Zusatzvergütung	
■ Sozialleistungen	
■ Arbeitszeit	
■ Urlaub	
■ Dienstwagen	
■ Weiterbildung	

■ Sonstiges	
Welchen Stil hat die Anzeige? Was sagt dieser für Sie über das Unternehmen aus?	

Vielleicht wundern Sie sich über Aussagen zu Alter oder Familienstand. Aber womöglich passt ein 25-jähriger Mann einfach nicht in ein Team von Frauen um die vierzig oder eine Position setzt einen gewissen Reifegrad voraus. Aussagen zum Geschlecht werden Sie jedoch selten finden, da Stellenausschreibungen für alle Berufe, die von beiden Geschlechtern ausgeübt werden können, geschlechtsneutral formuliert sein müssen.
Wenn Sie die Anzeige genau gelesen und ausgewertet haben, stellen Sie sich folgende Fragen: Reichen mir die Informationen aus der Anzeige? Was möchte ich noch wissen? Auf welche mir wichtigen Aspekte wurde in der Anzeige nicht eingegangen?

Experten-Tipp

Anknüpfungspunkt für den nächsten Schritt

Wenn Sie noch mehr wissen möchten, dann haben Sie wichtige Fragen für Ihren telefonischen Kontakt mit dem Unternehmen gefunden. Rufen Sie an, beziehen Sie sich auf die Anzeige und klären Sie Ihre Fragen. ◂

Abgleich von Erwartungen und Kompetenzen mit den Anforderungen

Wenn Sie alle Informationen in der Anzeige herausgearbeitet haben, sollten Sie Ihre Erwartungen und Ihr Kompetenzprofil mit dem Anforderungsprofil vergleichen. Stimmen Ihre Fähigkeiten und Ansprüche mit den Wünschen, Anforderungen und Leistungen des Unternehmens überein?
Sind Sie sich bezüglich der Anforderungen für eine beschriebene Position nicht ganz sicher, klären Sie das mit dem Unternehmen ab, anstatt sich dort mit völlig falschen Qualifikationen zu bewerben.

To Do

Systematik

- Nutzen Sie die Checkliste für jede interessante Stellenausschreibung.
- Schneiden Sie die dazugehörige Anzeige aus oder drucken Sie sie aus und heften Sie sie in Ihren Bewerbungsordner (alternativ abspeichern im Ordner auf dem PC).
- Markieren Sie sich die Informationen, die Sie finden, farblich und übertragen Sie sie in die Liste.
- Sammeln Sie auch Anzeigen für andere Positionen von den Unternehmen, die für Sie interessant sind. Mit jeder Anzeige erfahren Sie etwas mehr über das Unternehmen. ◂

Experten-Tipp

Zeigen Sie, dass Sie zum Unternehmen passen

Die Analyse der Stellenausschreibung ist Ihre wesentliche Vorarbeit, um mit Ihrem Anschreiben beweisen zu können, dass Sie genau der richtige Kandidat für diese Position sind. ◂

Muss- und Kann-Anforderungen

In der Regel ist bei Stellenausschreibungen zwischen Muss-Anforderungen und Kann- oder Wunsch-Anforderungen zu unterscheiden.

Muss-Anforderungen formulieren Voraussetzungen für die Positionsbesetzung. Sie beginnen mit Worten wie:

Muss-Anforderungen

- Sie haben ...
- Sie verfügen ...
- Als qualifizierter ...
- Mit qualifizierter Ausbildung als ...
- ... bringen Sie mit
- ... mit mindestens fünf Jahren Berufserfahrung als ...

Experten-Tipp

Muss-Anforderungen sind nachzuweisen

Sind Muss-Anforderungen formuliert, macht es in der Regel wenig Sinn, sich zu bewerben, wenn Sie diese nicht erfüllen. Sie müssen sie nachweisen.

Aber: Bei besonderen Qualifikationen und in engen Arbeitsmärkten kann sich eine Bewerbung auch dann lohnen, wenn Sie einzelne Muss-Anforderungen nicht erfüllen.

Kann-Anforderungen

Kann-Anforderungen sind nicht zwingend für die Positionsbesetzung. Können Sie sie erfüllen, gibt das Pluspunkte für Sie. Kann-Anforderungen sind in folgende Aussagen eingebettet:

- Wünschenswert ist …
- Ausbildung als … oder vergleichbare Ausbildung
- … wäre von Vorteil
- … möglichst …
- … hinreichende Qualifikation in …

Experten-Tipp

Behauptung als Lösung

Bei Kann-Anforderungen dürfen Sie als Bewerber behaupten, dass Sie die Anforderung erfüllen. Sie müssen keinen entsprechenden Nachweis erbringen. Wenn Sie eine Kompetenz beweisen können, sammeln Sie aber Pluspunkte.

Fachliche Anforderungen

Hinsichtlich der fachlichen Anforderungen finden Sie in Ausschreibungen oft folgende Termini:

Termini

- Fachkenntnisse
  - Fachkenntnisse in der Position
  - Fachkenntnisse in der Branche
  - fachbezogene Zusatzkennnisse
  - fachliche Berufserfahrung
- Ausbildung
  - qualifizierte Ausbildung als …
  - Hochschlabschluss (Universität)
  - Fachhochschulabschluss
- Organisatorische Einordnung

- Sachbearbeiter
- Gruppen-, Abteilungs-, Bereichsleiter
- Projektleiter (keine linien-, sondern projektbezogene Eingliederung)

Wenn Aussagen nicht eindeutig sind

Manche Aussagen in Stellenausschreibungen sind nicht eindeutig zu interpretieren. Sie sollten spätestens im Gespräch nachfragen.

Interpretationsmöglichkeiten

Kriterium	Mögliche Interpretation
Mobilität	■ Reisetätigkeit ■ längere Einsätze in Niederlassungen ■ Auslandsreisen
Flexibilität	■ flexibel hinsichtlich der zu übernehmenden Aufgaben ■ lernbereit ■ flexibel im Einsatzort ■ flexibel hinsichtlich der Arbeitszeit
Verstärkung unseres Teams	■ zusätzliche oder neu geschaffene Position
Fundierte Berufserfahrung	■ Hier können Sie von mindestens drei bis fünf Jahren ausgehen.

Prüfen Sie genau, ob Sie die beschriebenen Anforderungen erfüllen können und wollen. Sind Sie wirklich kontaktstark, führungsmotiviert, mobil oder zeitlich flexibel?
Eine Position, die nicht zu Ihnen passt, hat für Sie keinen Sinn, weil es Ihnen langfristig damit nicht gut gehen würde. Erfüllen Sie Muss-Anforderungen nicht, sollten Sie beim Unternehmen nachfragen, ob eine Bewerbung trotzdem Sinn macht. Andernfalls investieren Sie Zeit und Geld lieber in andere Bewerbungsaktivitäten.

Telefonisch nachfragen

Vielleicht haben Sie die Anzeige gelesen und Aspekte gefunden, die für Sie nicht eindeutig sind, oder Ihr Profil passt nicht hundertprozentig. Dann sollten Sie im Unternehmen anrufen und nachfragen. Telefonieren Sie aber möglichst vom Festnetz aus oder nur bei sehr guter Funkverbindung. Verbindungsabbruch und störende Nebengeräusche hinterlassen keinen positiven Eindruck von Ihnen.

Experten-Tipp

Verständnis zeigen

Wenn Sie im Unternehmen anrufen, sollten Sie berücksichtigen, dass Ihr Ansprechpartner heute vielleicht schon fünfzig Anrufe aufgrund der Anzeige am Wochenende hatte und endlich mal „richtig arbeiten" statt telefonieren möchte. Bereiten Sie sich vor und stellen Sie konkrete Fragen. Bewerber, die nicht wissen, was sie fragen sollen, werden schnell als störend empfunden. ◂

CD-ROM

Die folgende Checkliste gibt Ihnen einen Überblick darüber, was Sie bei einem Telefonkontakt unbedingt beachten sollten. Gehen Sie diese Checkliste, die Sie übrigens auch wieder auf Ihrer CD-ROM finden, Punkt für Punkt durch, damit Sie wirklich nichts übersehen.

Checkliste

Was gilt es beim Telefonkontakt zu beachten?	
Wenn Sie aus der Telefonzelle anrufen, legen Sie sich genügend Kleingeld bereit. (Generell sollten Sie ein Telefonat aus der Zelle aber vermeiden, denn der hohe Lärmpegel ist für das Gespräch nicht förderlich.)	
Notieren Sie sich alle Fragen, die Sie haben. So können Sie sicher sein, nichts Wichtiges zu vergessen.	
Legen Sie sich genügend Schreibpapier und mindestens zwei Kugelschreiber zurecht.	
Notieren Sie sich die Telefonnummer und den Namen des Ansprechpartners.	
Unterstreichen Sie die Kernaussagen der Anzeige und die Passagen, auf die Sie sich beziehen wollen.	
Seien Sie freundlich und zuvorkommend. Fragen Sie Ihren Gesprächspartner, ob er einen Moment Zeit für Sie hat.	

Wenn Sie sich am Telefon melden, sagen Sie deutlich Ihren Namen, warum Sie anrufen und auf welche Anzeige Sie sich beziehen. Unternehmen schalten häufig mehrere Anzeigen gleichzeitig. Von einem ernst zu nehmenden Bewerber erwartet man, dass er wenigstens weiß, auf welche Position er sich bewerben will. Fragen Sie dann nach der angegebenen Person. Ist kein Ansprechpartner genannt, erkundigen Sie sich nach dem Personalleiter oder dem Zuständigen in der Fachabteilung.

Experten-Tipp

Lassen Sie sich nicht vorschnell einschüchtern!

Wenn z. B. perfekte Sprachkenntnisse verlangt werden, dann rufen Sie das Unternehmen an und fragen Sie, *wie* perfekt sie sein müssen. Auch wenn angegeben ist, dass eine erste Berufserfahrung erwünscht ist, sollten Sie den Hörer aufnehmen und nachfragen. Dies vor allem, wenn Sie ausgleichende Erfahrungen mitbringen (z. B. diverse Praktika oder Werksstudententätigkeiten in entsprechenden Bereichen).

Den „Wunschkandidaten“ (25 Jahre, Doppelstudium mit Auslandsaufenthalt, promoviert, MBA mit vier Jahren Berufserfahrung) können sich Unternehmen in Anzeigen zwar wünschen, ob man solche Bewerber findet, ist aber mehr als fraglich.

Wie gestalte ich meine Bewerbung?

Praxis-Beispiel

Hilfen nutzen

In den letzten Tagen hat sich Hanna B. ausführlich über die für sie in Frage kommenden Unternehmen informiert. Der nächste Schritt ist nun das Aufsetzen einer ansprechenden Bewerbung. Sie hat sich heute mit einer Freundin verabredet. Beide wollen zusammen versuchen, eine ordentliche Vorlage zu erarbeiten. Die Freundin hat Gott sei Dank Hilfen zur Erstellung von Bewerbungsunterlagen, in denen steht, an was man alles denken muss. ◀

Für eine erfolgreiche Bewerbung haben Sie nun wichtige Vorarbeit geleistet. Bevor es an das Verfassen der Texte für das Anschreiben, den Lebenslauf und die „dritte Seite" geht, folgen hier noch einige grundsätzliche Tipps und Regeln für Ihre Bewerbungen.

Ist die Chance nicht größer, wenn ich mich von der Masse abhebe?

Diese Frage wird häufig gestellt. Sicher sind Sie erfolgreicher, wenn Sie sich abheben. Das Entscheidende ist aber, sich „positiv" abzuheben. Und da den richtigen Stil zu finden ist nicht so leicht. Wenn Sie aus einem kreativen Beruf oder Bereich kommen, können Sie mit Ihrer entsprechend gestalteten Bewerbung eine erste Arbeitsprobe abgeben. Dabei sollten Sie sich aber vorher über den Stil des Hauses, in dem Sie sich bewerben, erkundigen.

Kreativität versus Standard

Sie können auch eine CD-ROM mit Ihren Unterlagen verschicken. Auf der anderen Seite dürfen Sie aber nicht damit rechnen, dass wirklich jeder Personalleiter einen PC mit CD-ROM-Laufwerk hat.

Experten-Tipp

Den sicheren Weg wählen

Die meisten Positionen, auf die sich Arbeitnehmer bewerben, erfordern ein solides und an bestimmte Regeln gebundenes Arbeiten und haben selten wirklich kreative Aspekte. Unter diesem Blickwinkel ist eine Bewerbung, die sich an etablierte Regeln hält und damit die Erwartungen der meisten Personalentscheider erfüllt, der sicherere Weg.

Menschen halten gern an Vertrautem fest

Wie langsam sich Menschen und damit auch Personalentscheider an neue Maßstäbe und Vorgehensweisen gewöhnen und wie gern sie an Vertrautem festhalten, zeigt der Umgang mit E-Mail-Bewerbungen in vielen Unternehmen. Sie sind noch lange nicht etabliert und alltäglich. Noch immer haben viele Personalentscheider lieber eine ordentliche Mappe in der Hand.
Für einen kreativen Bewerbungsstil Grenzen festzulegen ist nur branchen- und positionsbezogen möglich. Vor diesem Hintergrund beschränken wir unsere weiteren Ausführungen auf die Darstellung unterschiedlicher Stile und Vorgehensweisen, die sich aber insgesamt an etablierte Regeln halten.

Experten-Tipp

Not macht großzügig

Bewerben Sie sich in einem engen Arbeitsmarkt, dann können Sie mit fast allen Anforderungspunkten, die an eine Bewerbung gestellt werden, großzügiger umgehen. Wenn der Arbeitgeber kaum eine Wahl hat, achtet auch er weniger auf Stil und Form. Übertreiben Sie es aber nicht. Niemand ist unersetzlich.

Welche grundsätzlichen Regeln und Anforderungen gibt es?

Sauber, ordentlich, leicht lesbar und ansprechend – so könnte man die Grundanforderungen an Bewerbungsunterlagen beschreiben.

Für Ihre Unterlagen heißt das:

- Fertigen Sie Ausdrucke in guter Qualität an.
- Benutzen Sie vernünftige Kopierer, die Kopien gut lesbar und ohne schwarze Punkte, Striche oder sonstige Fehler anfertigen.
- Nehmen Sie gutes Papier. Auch der haptische Eindruck ist wichtig. Verwenden Sie Papier von mindestens 80 bis 90 Gramm. (Bei Untersuchungen zum Erfolg von Mailings wurde festgestellt, dass der Erfolg unter anderem davon abhängt, wie sich das Papier des Mailings anfühlt.)
- Wählen Sie einen klaren und gut lesbaren Schrifttyp. Seltene Schriften sind häufig schwerer zu lesen. Die Größe sollte nicht kleiner als elf Punkt sein.
- Versenden Sie Ihre Unterlagen ungeknickt, benutzen Sie also mindestens einen DIN A4-Umschlag.
- Schützen Sie Ihre Unterlagen durch eine Mappe vor Knicken und Flecken. Die Mappe muss nicht unglaublich edel sein, sondern so, dass alle Unterlagen leicht gelesen werden können.
- Häufig werden die einzelnen Blätter in Klarsichthüllen gesteckt. Damit schützen Sie Ihre Unterlagen zusätzlich vor Verschmutzung und es sieht auch schöner aus. Dieser Trend ist insgesamt etwas zurückgegangen, Sie können aber immer noch vorbereitete Mappen mit Hüllen kaufen. Wenn Sie Klarsichthüllen verwenden, achten Sie darauf, dass der Leser keine Unterlagen aus den Hüllen nehmen muss, um etwas lesen zu können (mehrere Bögen in einer Hülle). Das Gefummele bringt Ihnen keine Sympathie ein. Auch sollten die Hüllen so fest in der Mappe sein, dass sie auf keinen Fall herausrutschen. Der Ärger beim Leser ist leicht vorstellbar. ◂

Machen Sie es dem Leser leicht

Stellen Sie sich vor, Sie haben über 200 Bewerbungen auf Ihrem Schreibtisch liegen. Bei der einen müssen Sie das Anschreiben aus einer Klarsichthülle fummeln, bei der anderen den Lebenslauf aus hübschen Eckhalterungen, bei der nächsten fallen alle Blätter aus der Heftung und in wieder einer anderen kann man kaum lesen, weil sich die Seiten nicht vernünftig umschlagen lassen. Wie sehr werden Sie sich über eine einfache Mappe in guter Qualität, in der Sie alle Unterlagen lesen und problemlos blättern können, freuen! Mappen mit Ringelungen erfüllen diese Kriterien. ◂

Die Auswahl an schönen und praktischen Bewerbungsmappen ist groß. Knausern Sie an dieser Stelle nicht, Sie investieren in Ihre Zukunft. Gut geschützt werden Ihre Unterlagen übrigens mit einem kartonierten oder gepolsterten Briefumschlag.

Experten-Tipp

Sie bekommen Unterlagen zurück

Wenn Sie Unterlagen von Unternehmen zurückbekommen und wiederverwenden wollen, dann schauen Sie jede einzelne Seite genau an. Ist sie beschädigt oder verschmutzt? Falls ja, tauschen Sie sie aus. ◂

In welcher Reihenfolge kommen die Unterlagen in die Mappe?

Das Anschreiben wird grundsätzlich nicht eingeheftet, sondern lose oben draufgelegt. Bei einer Absage bleibt es im Unternehmen.

Richtige Reihenfolge

Die richtige Reihenfolge ist:

- Deckblatt (evtl. mit Foto)
- Inhaltsverzeichnis. Aber: Ein Inhaltsverzeichnis ist zwar schön, doch nicht notwendig, die wenigsten werden es lesen.
- evtl. separates Blatt mit Foto
- Lebenslauf
- „dritte Seite“
  - Tätigkeits-/Positionsbeschreibung
  - Publikationen und Veröffentlichungen
  - Referenzen
  - zur eigenen Person
- Zeugnisse

Experten-Tipp

Ausreichend frankieren

Ihre Unterlagen verschicken Sie natürlich ausreichend frankiert. Nachporto zahlt niemand gern. ◂

Erste Information und Einstimmung: das Deckblatt

Ein Bewerbungsdeckblatt hat sich etabliert. Es enthält die wesentlichen personenbezogenen Daten und sehr häufig das Foto. Gut gelayoutet ist es die erste positive Einstimmung für den Leser.

Was gehört auf das Deckblatt?

Angaben, die auf das Deckblatt gehören

Folgende Angaben sollte das Deckblatt unbedingt enthalten:

- den Namen des Unternehmens, bei dem Sie sich bewerben
- den Namen Ihres Ansprechpartners (falls bekannt)
- Ihren vollständigen Namen und alle Adressdaten:
  - Anschrift
  - Telefonnummer, evtl. Mobilfunknummer
  - E-Mail-Adresse
  - evtl. Homepage-Adresse
- eine Headline (Position, auf die Sie sich bewerben)
- evtl. Angabe der Anlagen

Auf dem Deckblatt ist die Headline, die Sie wählen, neben dem Foto der Blickfang, mit dem Sie Interesse wecken und den Leser positiv ansprechen – oder dazu bringen, die Seite zu überblättern.
Ziel jeder Bewerbung ist es, schnell und auf den ersten Blick wesentliche Informationen zu vermitteln. Schreiben Sie nicht nur „Bewerbungsunterlagen". Das steht überall und bringt keinen Informationsgewinn für den Leser.

Experten-Tipp

Die richtigen Worte finden

Nennen Sie die Position, auf die Sie sich bewerben (Zielposition), Ihre Berufsbezeichnung, die Bezeichnung der ausgeschriebenen Stelle oder Ihre aktuelle Position.

Sie können den Namen des Unternehmens, bei dem Sie sich bewerben, mit in die Headline nehmen. Die Überschrift sollte sich durch ihre Größe vom anderen Text abheben, eine 20- bis 24-Punkt-Schrift ist durchaus geeignet.

Praxis-Beispiel

Beispiel

Ein ansprechendes und übersichtliches Deckblatt in klassischem Format finden Sie im Folgenden:

BEWERBUNG

um einen

Ausbildungsplatz als Hebamme

Vorname

Name

Straße

Ort

Tel.

E-Mail

Anlagen:

Tabellarischer Lebenslauf

Ärztliches Attest

Letztes Zeugnis Landschulheim Steinmühle

Beglaubigte Abschrift Geburtsurkunde

Praktikumsbescheinigung Ergotherapiepraxis

CD-ROM

Auf Ihrer CD-ROM finden Sie Muster für die Erstellung Ihrer Deckblätter sowie weitere Beispiele. Übernehmen Sie sie einfach in Ihre Textverarbeitung und ändern Sie sie entsprechend Ihren Daten und Anforderungen ab.

Welche Regeln gelten für das Foto?

Aus der Kommunikationspsychologie wissen wir, dass wir Informationen zu ca. 80 % über nonverbale Signale senden und empfangen und nur ca. 20 % über sachlich-verbale Signale. Das heißt, die „subjektive" Wahrnehmung, die wir oft gar nicht richtig erklären können, trägt viel wesentlicher zu unserer Meinungsbildung bei als sachliche Informationen.

Subjektiver Eindruck oft entscheidend

Was heißt das nun für Ihre Bewerbungsunterlagen? Gelten hier ähnliche Gesetzmäßigkeiten? Beachten wir die Wirkung der subjektiven Wahrnehmung auf unsere Meinungsbildung, erhält die äußere Gestaltung, die „Anschaulichkeit" Ihrer Unterlagen, eine neue Bedeutung. Dem subjektiv gewonnenen Eindruck kommt auch hier eine ungleich höhere Wirkung zu, als man vielleicht vermutet.

Layout der Unterlagen

Aus diesem Grund müssen Sie auf das Layout Ihrer Unterlagen großen Wert legen, den Schrifttyp nach seiner Lesbarkeit, das Schriftbild nach seiner Gefälligkeit und die Blattaufteilung nach ihrer Übersichtlichkeit gestalten. Deswegen ist zu viel Kreativität auch gefährlich: Sie wissen nie, was Ihrem Gegenüber gefällt und was nicht. Auch die Haptik des Papiers muss aus diesem Grund beachtet werden.

Welche Bedeutung hat unter diesem Aspekt das Foto? Es liegt nahe, dass ihm eine große subjektive und entscheidungsrelevante Bedeutung zukommt. Häufig sehen sich Personalentscheider erst einmal das Foto an und dann den Rest. Sie werden die Durchsicht Ihrer Unterlagen zurückstellen, wenn Ihnen bei Ihrem Foto einer der typischen Fehler vieler Bewerber unterlaufen ist. Verzichten Sie auf

Typische Fehler

- Urlaubs-, Familien- oder andere Freizeitbilder (Sie wollen einen Job und nicht die Aufnahme im Segelklub)
- Automatenbilder (eignen sich generell nicht)
- Bilder in schlechter Qualität
- Selbstdarstellung auf dem Foto
- veraltete Bilder

Investieren Sie in Ihre Fotos, sie sind entscheidend für den ersten Eindruck! Darauf müssen Sie achten:

Worauf Sie achten müssen

- Porträt, vom Profi angefertigt
- freundliches Lächeln
- Blick in Richtung des Betrachters
- Größe gut 4 × 6 cm
- schwarzweiß oder farbig

Experten-Tipp

Scannen ist erlaubt

Sie können Ihre Bilder einscannen und auf das Papier drucken. Die Qualität muss aber erstklassig und damit fast besser als das Original sein. Verwenden Sie lieber Schwarzweißfotos. Bei Farbbildern haben Sie schnell zu hohe Qualitätsverluste.

Wohin soll das Foto?

Wenn dem Foto eine so hohe Bedeutung für den ersten Eindruck zukommt, wo soll man es dann platzieren? Grundsätzlich kann es auf das Deckblatt oder auf den Lebenslauf.

Deckblatt

Hier ist der erste Eindruck noch wichtiger, die Anforderungen an die Qualität sind noch höher. Ein gutes und freundliches Foto trägt sehr dazu bei, die Sympathie des Betrachters zu wecken und ihn zum Weiterlesen anzuregen. Wenn Sie sich Mühe geben, ist die Wirkung also sehr positiv.
Ein guter Platz für Ihr Bild ist z. B. oberhalb der Blattmitte. Die Unterkante des Fotos liegt dabei auf der gedachten Mittellinie des Blattes.

Separates Blatt

Diese Möglichkeit können Sie auch nutzen. Wenn Sie jedoch ohnehin sehr viele Unterlagen versenden, sollten Sie auf dieses zusätzliche Blatt besser verzichten.

Erste Seite des Lebenslaufs

Klassisch wird das Foto oben rechts auf der ersten Seite des Lebenslaufs platziert. Gehen wir davon aus, dass die meisten Personalentscheider vor dem Lesen des Textes erst einmal das Foto ansehen, kommt ihm auch an dieser Stelle die gleiche Wirkung zu wie auf dem Deckblatt. Auf dem Lebenslauf platziert, besteht allerdings die Gefahr, dass es den Leser stärker von der Aufnahme der sachlichen Informationen abhält, als wenn es auf dem Deckblatt wäre. Der Blick des Lesers fällt fast zwangläufig immer wieder auf das Foto.

Checkliste

Das richtige Foto am richtigen Platz	ja	nein
Verwenden Sie ein **Passfoto**, keine privaten Fotos.	✓	
Hohe Qualität des Bewerbungsfotos: Gehen Sie in ein Fotostudio. Ein Automatenbild ist häufig schon ein Negativkriterium für Ihre Bewerbung. Die Kosten für die Bewerbungsfotos sind wie alle Bewerbungsunterlagen steuerlich absetzbar (Quittung!).		
Farbe oder schwarzweiß: Das Bewerbungsfoto kann schwarzweiß oder farbig sein, obwohl gut gemachte Schwarzweißfotos oft einen seriöseren Eindruck hinterlassen. Probieren Sie aus, ob Sie ein Typ sind, der bei Schwarzweiß oder bei Farbe besser zur Geltung kommt.		
Hintergrund: Wenn Sie ein Typ mit blasser Hautfarbe sind, sollte der Hintergrund dunkler und kräftiger sein. Umgekehrt gilt, wenn Sie sehr dunkle Haare bzw. Haut haben, sollten Sie einen helleren Hintergrund bevorzugen.		
Qualität der Aufnahme: Stimmt der Hell-/Dunkel-Kontrast? Ist Ihr Gesicht erkennbar? Was sagen andere zu Ihrem Bild? Fragen Sie herum, wie Ihr Bewerbungsfoto wirkt. Erkundigen Sie sich aber nicht bei Ihren Eltern, für die ist jedes Bild ihres Kindes „schön". Sprechen Sie am besten mit Personen, die mit Bewerbungen zu tun haben.		
Größe des Bewerbungsfotos: Es ist ein wenig größer (ca. 4,5 × 6,5 cm) als ein normales Passbild. Gute Fotoateliers kennen sich damit aus.		

„Outfit" und Kleidung auf dem Bild: Ihre Kleidung ist abhängig von der Stelle, für die Sie sich bewerben. Männer sollten auf jeden Fall eine Krawatte und ein Jackett tragen. Auch ein gebügeltes Hemd ist kein Luxus. Frauen können die Sache etwas legerer angehen. Vorteilhaft ist aber auch für sie eine Bluse oder ein moderner, nicht zu „flippiger" Pullover. Achten Sie besonders darauf, dass Sie sich nicht zu sehr schminken. Ein dezentes Make-up und etwas Schmuck sind erlaubt. Insbesondere bei Farbfotos ist bezüglich der Farben Vorsicht geboten. Sowohl Männer als auch Frauen sollten sich pudern, bei Blitzlichtaufnahmen finden sich sonst schnell reflektierende Stellen im Gesicht. Vielleicht gehen Sie vor Ihrem Fototermin auch noch einmal zum Friseur. Richten Sie sich bei Ihrer Frisurenwahl nach Ihrem zukünftigen Beruf. Mit einer „Punkfrisur" rückt die Bankausbildung in unendliche Ferne. Versuchen Sie nicht, mit Ihren schönen langen Haaren zu gefallen. Zusammengebundene Haare wirken oft seriöser.		
Aktualität des Fotos: Das Bild sollte aus neuerer Zeit stammen, d. h. nicht älter als ein bis zwei Jahre sein. Für Bilder aus Ihrer Jugend interessieren sich höchstens Ihre Großeltern.		
Mögliche Positionen des Fotos: ■ auf einem separaten, weißen Blatt. Schreiben Sie Ihren Namen auf das Blatt, damit Ihr Bild nicht verloren geht. ■ auf dem Deckblatt ■ oben rechts auf dem Lebenslauf. Dann kann jedoch die Übersichtlichkeit leiden. Ihr Bild gehört auf keinen Fall auf das Anschreiben. Wenn Sie es dort festkleben, müssen Sie sich nicht wundern, wenn es versehentlich mit Ihrem Anschreiben beim Unternehmen verbleibt.		

Wie werbe ich mit dem Anschreiben für mich?

Über-zeugungsarbeit leisten

Ihr Anschreiben ist das Dokument, mit dem Sie dem Leser vermitteln, dass Sie zu der ausgeschriebenen Position passen. Uns geht es zwar um *Ihren* Erfolg bei der Stellensuche, doch erfolgreich werden Sie nur dann sein, wenn es Ihnen gelingt, dem *Einstellenden* das Gefühl zu vermitteln, mit Ihrer Verpflichtung einen Erfolg zu verbuchen.

Zentrale Anforderung

Experten-Tipp

Im Mittelpunkt Ihres Anschreibens stehen die Interessen des einstellenden Unternehmens!

Wir haben bereits an anderer Stelle deutlich gemacht, dass die Intensität und das Interesse, mit denen sich ein Personalverantwortlicher mit Ihrer Bewerbung auseinander setzt, ganz wesentlich vom ersten Eindruck bestimmt werden.

Positiver Gesamteindruck gewinnt

Experten-Tipp

Überzeugt der erste optische Eindruck, dann überfliegt der Leser die Unterlagen. Bei diesem ersten Querlesen sucht er nach für ihn wichtigen und aussagekräftigen Informationen. Nur wenn er interessante Fakten findet, wird er die Unterlagen ausführlicher lesen.

Für die Gesamtgestaltung Ihrer Unterlagen, aber auch für jedes einzelne Dokument heißt das: Sie müssen Ihre relevanten Qualifikationen und Erfahrungen leicht und schnell erkennbar für den Leser präsentieren. Über diese Informationen müssen Sie ihn anregen, sich möglichst lange mit Ihren Unterlagen zu beschäftigen, um mehr Informationen über Sie zu gewinnen.

Zum Lesen einladen

Hier ein paar Kriterien, die darüber entscheiden, ob der Leser zum Lesen eingeladen wird oder nicht:

- Wie hoch ist der Leseaufwand? Kleine Schrift und sehr volles Blatt halten eher vom Lesen ab.

Experten-Tipp

Wie verhalten Sie sich selbst?

Welche Werbeschreiben lesen Sie? Die, die Sie aufgrund ihrer Kürze und optischen Gestaltung schnell erfassen können? Die, in denen Sie interessante Worte finden? Oder die, bei denen Sie aufgefordert werden, erst einmal zwei eng bedruckte Seiten zu lesen?

- Informationsgehalt
  - Werden wichtige Informationen schnell erkannt, dann wird weitergelesen.
  - Ist kein deutlicher Bezug zur ausgeschriebenen Stelle erkennbar, wird das genaue Lesen zurückgestellt.

Experten-Tipp

Es darf auch nicht zu wenig sein

Sind Anschreiben und Lebenslauf zu kurz, deutet das für den Leser auf den ersten Blick auf wenige Kompetenzen und Erfahrungen hin. Für eine Position, die bestimmte Erfahrungen voraussetzt, wirkt ein solches Anschreiben schnell uninteressant. Es enthält keine Aufforderung zur intensiven Auseinandersetzung.

Die richtigen Wörter hervorheben

Über die Bedeutung eines Textes für den Leser entscheiden zum Teil einzelne Wörter, die man beim Überfliegen eher zufällig wahrnimmt. Stolpert man über die falschen Wörter, trifft man vielleicht sehr früh eine abschlägige Entscheidung, ohne diese noch einmal zu überprüfen.

Experten-Tipp

Die Wahrnehmung des Lesers lenken

Für die Position wichtige Informationen können Sie über Fett-Satz oder Unterstreichung hervorheben und so dem Leser schnell und leicht verfügbar machen.

Zentrale Kriterien

Für Ihr Anschreiben müssen Sie zwei zentrale Kriterien erfüllen:

- Es muss prägnant und aussagekräftig sein.
- Es muss leserorientiert und positionsbezogen sein.

Prägnant und aussagekräftig

Dieser Punkt betrifft den oben beschriebenen Informationsgehalt. Nicht zu knapp, aber auch nicht alles, was Sie zu sich sagen könnten. Wesentlich ist, das richtige Verhältnis von Informationsgehalt und Leseaufwand zu finden. Die Beispiele im Buch und auf der CD-ROM verdeutlichen dies.

Leserorientiert und positionsbezogen

Viele Bewerber begehen den gleichen Fehler: Sie stellen sich und ihre Interessen in den Vordergrund. Das Ergebnis ist, dass der Angeschriebene ständig „ich …, ich …, ich …" liest, aber kaum eine Stelle findet, wo der Bewerber auf die Besetzungswünsche und Anforderungen des Unternehmens eingeht.

Nehmen Sie sich selbst zurück

Das Einzige, das der Leser Ihrer Unterlagen wissen will, ist, ob Sie die Anforderungen der Position erfüllen und zum Unternehmen passen könnten.

Wie strukturiere ich das Anschreiben?

Ihr Anschreiben umfasst

- Kopfzeile. Ihre vollständigen Adressdaten:
  - Vorname, Name
  - Straße, Nr.
  - PLZ Ort
  - Telefonnummer
  - evtl. Mobilfunknummer
  - E-Mail-Adresse
  - evtl. Homepage-Adresse
- Anschrift der Empfängers
  - Firmenname
  - Ansprechpartner (soweit bekannt)
  - Position oder Abteilung
  - Straße, Nr
  - PLZ, Ort
- Ort und Datum
- Betreff: Benennen Sie die ausgeschriebene Position und die Bezugsquelle

- Anrede: Es ist sehr vorteilhaft, wenn Sie einen direkten Ansprechpartner haben und ihn persönlich ansprechen. Wurde in der Stellenausschreibung keine Kontaktperson genannt oder schreiben Sie eine Initiativbewerbung, lohnt sich der Anruf im Unternehmen, um den Namen des Personalleiters zu erfahren.
  Klassische Anrede:
  - Anonym (zweitbeste Lösung): „Sehr geehrte Damen und Herren"
  - Individualisiert (besser): „ Sehr geehrte Frau …"/„Sehr geehrter Herr …"

Experten-Tipp

Anrede

Über die Anrede wird viel diskutiert. Wir halten die klassische Form für die beste. Sie wählen damit einen Stil, mit dem Sie keinem „auf die Füße treten". Von plumpen Formen wie „Hallo, Herr ..." raten wir ab.

- Text des Anschreibens
  - 1. Einleitung oder Eröffnungssatz: Mit diesem Satz nehmen Sie Kontakt auf. Wichtig ist eine positive Ansprache statt eines 08/15-Satzes.
  - 2. Kerninformationen
  - 3. Schluss-Satz

Experten-Tipp

Warum bewerben Sie sich?

Der Leser Ihrer Unterlagen wird sich freuen zu erfahren, warum Sie die Position wechseln wollen und was Sie gerade an seinem Unternehmen interessiert. Wenn Sie wechseln, weil Sie gerade Ärger mit dem Chef oder den Kollegen haben, sollten Sie vielleicht lieber überlegen, ob es nicht auch andere Motive für Sie gibt wie z. B. berufliche Entwicklung, erweitertes Aufgabengebiet, größerer Verantwortungsbereich, Möglichkeiten der Weiterqualifizierung etc.

- Grußformel mit Unterschrift (Vor- und Zuname)
  - Sie können, wenn Sie ein schwarzes Schriftbild gewählt haben, mit blauer Tinte unterschreiben. Achten Sie auf einen guten Stift. Es empfehlen sich Tinte oder ein feiner Filzstift, da Kugelschreiber häufiger schmieren, und das sieht nicht gut aus.

  - Unter Ihrer persönlichen Unterschrift sollten Sie Ihren Namen noch einmal in Druckschrift aufführen.
- evtl. Hinweis auf Anlagen. Eine Anlagenliste ist nicht notwendig, sie bietet keine wirklich wichtigen Informationen. Es besteht die Erwartung, dass Ihre Unterlagen vollständig sind. Ein Hinweis auf Ihre Unterlagen ist also nicht zwingend. Wenn Sie nicht darauf verzichten wollen, schreiben Sie: „Anlage: Bewerbungsunterlage".

Textgestaltung

Wählen Sie eine gut lesbare Schrift ohne Schnörkel mindestens in Elf-Punkt. In der Kopfzeile können Sie evtl. einen anderen Schrifttyp verwenden, sonst beschränken Sie sich auf einen Schrifttyp für alle Dokumente. Setzen Sie Ihren Text in einzeiligem Abstand. Nur bei sehr wenig Text sollten Sie auf 1,5 Zeilen gehen. Mit Fettdruck und Unterstreichungen müssen Sie sehr sparsam umgehen: Nur die wirklich wichtigen Informationen werden hervorgehoben. ◂

Der Text Ihres Anschreibens sollte nicht länger als eine Seite sein. Sie können und müssen nicht alle Informationen hineinpacken. Nehmen Sie wichtige Informationen, die nicht zwingend ins Anschreiben gehören, lieber auf die so genannte „dritte Seite" oder, wenn es passt, in den Lebenslauf. Mit einer Textseite werden Sie ungefähr einen Umfang von 25 Zeilen erreichen. Das ist ein gutes Maß.
Um optisch einen positiven Eindruck zu erzeugen, sollte Ihr Anschreiben in nicht mehr als fünf Absätze unterteilt sein. Es wirkt sonst zerstückelt.

Wie finde ich die richtigen Worte für den Einstieg?

Schon beim Eröffnungssatz fängt es an: Was soll ich schreiben? Relativ einfach ist diese Frage zu beantworten, wenn Sie mit Ihrem Ansprechpartner zuvor telefonischen Kontakt hatten. Auf dieses Gespräch können Sie sich dann nämlich beziehen.

Praxis-Beispiel

Ansprache nach vorherigem Kontakt

„Vielen Dank für das informative Telefonat am heutigen Vormittag. Wie besprochen, übersende ich Ihnen meine vollständigen Bewerbungsunterlagen."

„Vielen Dank für das informative und angenehme Gespräch, welches ich am ... mit Ihnen geführt habe. Das Telefonat hat mein Interesse bestärkt, mich auf die Position als ... zu bewerben."

„Auf Empfehlung Ihres Kollegen, Herrn ..., schicke ich Ihnen meine Unterlagen zu. Seine telefonischen Erläuterungen haben mich in meinem Wunsch bestärkt, als ... in Ihrem Unternehmen tätig zu werden.

„Vielen Dank für unseren ersten Kontakt und das freundlich-informative Telefonat. Ihre Erläuterungen haben mich in meinem Wunsch bestärkt, als .... in Ihrem Unternehmen tätig zu werden."

Alle diese Einleitungssätze enthalten eine freundliche Ansprache. Im zweiten Satz ist es gut, die Position zu benennen, auf die Sie sich bewerben. Damit ermöglichen Sie Ihrem Ansprechpartner eine schnelle Orientierung, worum es geht. Sie können davon ausgehen, dass die Personalentscheider größerer Unternehmen in der Regel mehrere offene Positionen gleichzeitig zu verwalten haben.

Experten-Tipp

Interesse wecken

Sprechen Sie den Personalentscheider und seine Interessen an, schreiben Sie nicht nur von sich. Die zentrale Frage ist: Was ist für den Leser wirklich relevant? Interessant ist, ob der Bewerber zum Unternehmen passt und zu dessen Leistungsfähigkeit beiträgt, also nützlich ist. Diese wesentliche Frage des Entscheiders müssen Sie ihm beantworten.

Nachfolgend haben wir verschiedene Beispiele für den Eröffnungssatz zusammengetragen, wenn es vorher keinen telefonischen Kontakt gegeben hat:

Praxis-Beispiel

Wenig konkrete Eröffnungssätze

„Ich bewerbe mich um die von Ihnen ausgeschriebene Position/Stelle."

„Mit großer Aufmerksamkeit las ich Ihre Ausschreibung in der ... vom ..."

„Wie ich der Stellenanzeige in der ... vom ... entnehme, suchen Sie Auszubildende für den Beruf der ..."

„Über das Internet habe ich mich über freie Stellen bei Ihrer Firma informiert."

Diese Einleitungssätze könnten etwas konkreter sein. Schreiben Sie nicht nur, wo Sie die Information herhaben, sondern auch, um welche Position es geht. ◂

Mangelnder Nutzen

„Auf meiner Suche nach einer neuen beruflichen Herausforderung wende ich mich an Sie."

„Es ist für mich an der Zeit, mich beruflich zu verändern: neue Menschen, neue Produkte/Märkte und neue Unternehmenskulturen kennen zu lernen."

„Da ich eine berufliche Veränderung anstrebe, möchte ich Ihnen mein Bewerberprofil mit Lebenslauf zur Verfügung stellen."

„Mit dem in der Anlage umrissenen Profil meiner Ausbildung, meines bisherigen Berufsweges und bestimmter Tätigkeitsschwerpunkte möchte ich ein Bild der Einsatzfelder skizzieren, in welchen ich ein hohes Maß ausgewiesener Qualifikation besitze."

Alle Bewerber sprechen nur von sich, von ihren Interessen, sie zeigen dem Leser aber noch keinen Nutzen auf. Besser wäre es, in diesen Sätzen Qualifikation und Zielposition zu benennen.

„Nach langjähriger Tätigkeit und Erfahrung in der Leitung des Logistikzentrumes eines mittelständischen Unternehmens suche ich eine neue berufliche Herausforderung als Dispositions- und Logistikleiter."

„In Ihrer Anzeige suchen Sie eine/n ... Diese Position interessiert mich sehr."

„Die von Ihnen ausgeschriebene Position als ... entspricht meinen Vorstellungen und Fähigkeiten."

„Ihre Internet-Stellenausschreibung Projektleiter Facility-Management hat mich sehr angesprochen."

„Mit großem Interesse habe ich Ihre Anzeige in der ... vom ... gelesen, in der Sie eine/n ... suchen."

„Mit großem Interesse habe ich Ihr Stellenangebot im Internet beim SIS der Bundesagentur für Arbeit gelesen."

Auch hier fehlt der Nutzen für den Leser. Nutzen vermitteln Sie, wenn Sie Ihre Qualifikation mit anführen. ◂

Praxis-Beispiel

Konjunktive und Höflichkeitsfloskeln

„In die von Ihnen im Internet ausgeschriebene Stelle Projektleiter Facility-Management bringe ich gerne meine Kompetenzen und Erfahrungen als Betriebswirt mit Schwerpunkt Immobilienmanagement ein."

„Meine Qualifikation entspricht den in Ihrer Anzeige gewünschten Anforderungen. Daher möchte ich mich als ... in Ihrer Firma bewerben."

Verzichten Sie auf überflüssige Höflichkeitsfloskeln wie „möchte ich mich bewerben" oder Konjunktive wie „würde ich mich gern bewerben" – Sie tun es ja. Besser ist:

„Meine Qualifikation als ... entspricht den in Ihrer Anzeige beschriebenen Anforderungen für eine erfolgreiche Übernahme der Position des ..."

„Für die von Ihnen ausgeschriebene Stelle als ... bringe ich alle Voraussetzungen mit."

„Als Groß- und Außenhandelskaufmann mit fünfjähriger Erfahrung in der internationalen Logistik erfülle ich die Anforderungen der Position des ..."

„Da ich die Voraussetzungen für die von Ihnen ausgeschriebene Position erfülle, bewerbe ich mich dafür."

„Ich bewerbe mich auf Ihre Stellenanzeige, da ich überzeugt bin, Ihren Anforderungen zu entsprechen."

„Sie suchen eine ..., die ... Diese Anforderungen erfülle ich."

Anmerkung: Diese Aussagen sind konkret, doch jetzt müssen im folgenden Text Nachweise der Kompetenzen folgen.

Die oben aufgeführten Einleitungssätze machen deutlich, dass es gar nicht so einfach ist, die richtigen Worte zu finden. Denken Sie immer daran, die wesentlichen Informationen prägnant zu vermitteln, um den Ihnen zur Verfügung stehenden Platz (eine Seite) optimal zu nutzen.

Wie setze ich bei den Kernaussagen den richtigen Schwerpunkt?

Im Hauptteil des Anschreibens geht es um Ihre Kernaussagen, also um jene Informationen, die dem Leser deutlich machen, dass und wie Sie seinen Bedarf decken. Auf welche Aspekte er Wert legt, haben Sie aus der Analyse der Stellenausschreibung erfahren.

Experten-Tipp

Zentrale Frage

Ihr Text im Bewerbungsanschreiben folgt einer zentralen Frage: Wie kann ich belegen/beweisen, dass ich die Anforderung erfülle? Um dieses Ziel zu erreichen, nehmen Sie die Stellenanzeige und gehen sie Aussage für Aussage durch. Parallel dazu erstellen Sie Ihr Anschreiben.

Folgendes Beispiel verdeutlicht, wie Sie Ihr Anschreiben anhand der Stellenausschreibung formulieren und dabei optimal auf die Informationswünsche des suchenden Unternehmens eingehen.

Stellenausschreibung Lichtdesign

Licht und Leben, Leben ist Zukunft

Ihr Start in Ihre berufliche Zukunft bei der Lichtdesign GmbH

Wir verfolgen einen konsequenten Wachstums- und Erfolgskurs. Unsere Ziele werden wir gemeinsam mit Ihnen als leistungsstarke Nachwuchskraft erreichen. Dafür bieten wir Ihnen:

Direkteinstieg im internationalen Marketing

Sie haben Ihr betriebswirtschaftliches Studium mit gutem Erfolg abgeschlossen und besondere Leistungen im Schwerpunkt Marketing erzielt? Dann erfüllen Sie unsere Vorstellungen von Motivation und Leistungsstärke.

Sehr gute Englischkenntnisse sind für uns selbstverständlich, eine weitere Fremdsprache ist wünschenswert. Während Ihres Studiums haben Sie einschlägige praktische Erfahrungen durch Praktika oder Nebentätigkeiten sammeln können. Ein Auslandssemester und die Bereitschaft, im Ausland zu arbeiten, setzen wir voraus.

Sind Sie es gewohnt, Lösungen im Team zu entwickeln und umzusetzen und dabei die gemeinsamen Erfolge zu schätzen? Dann freuen wir uns auf Ihre Bewerbung:

An Frau Lightman ...

Analyse der Anforderungen

Die einzelnen Aussagen in dieser Annonce:

(1) Start in die berufliche Zukunft
(2) Studium der Betriebswirtschaft mit gutem Erfolg
(3) Schwerpunkt Marketing, besondere Leistungen
(4) Englisch und zweite Fremdsprache
(5) praktische Erfahrung und Auslandssemester
(6) Bereitschaft, im Ausland zu arbeiten
(7) Teamarbeit

Das sind die Punkte, auf die Sie in Ihrer Bewerbung eingehen müssen. Der beste Weg ist immer, einen Nachweis für die Erfüllung der Anforderungen zu bringen. Dafür müssen Sie Ihr Kompetenzprofil kennen, das Sie weiter oben erarbeitet haben.

Anschreiben des Bewerbers

Folgendes Anschreibenbeispiel zeigt, wie der Nachweis umgesetzt wird:

Antwortschreiben

> Sehr geehrte Frau Lightman,
>
> als (zu 2) Diplom-Betriebswirt mit sehr gutem Abschluss und (zu 3) Diplomarbeit im Bereich „Erfolgsfaktoren von Direkt-Mails" bringe ich die Vorausetzungen mit, gemeinsam mit Ihrem Team Erfolge zu gestalten.
>
> Die Begeisterung für die Gesetze des erfolgreichen Marketings hat mich während meines Studiums veranlasst, neben der Theorie deren praktische Umsetzung kennen zu lernen und aktiv bei der studentischen **Marketingagentu**r (zu 5) „Joint up" mitzuarbeiten. Ein Kundenauftrag bildete die Basis meiner Diplomarbeit.
>
> Die Leistungsfähigkeit von „Joint up" war nur in enger (zu 7) **Teamarbeit** zu garantieren. In der gemeinsamen Arbeit mit Kollegen und Kunden konnte ich mir einen kooperativen, lösungs- und kundenorientierten Kommunikations- und Arbeitsstil aneignen.
>
> Die (zu 6) Chance, auch international für Sie tätig zu werden, ergreife ich gerne. Meine Erfahrungen mit Menschen und Kulturen anderer Länder, die ich während vieler Auslandsreisen und einem (zu 5) Studienaufenthalt mit „Joint up" in Australien sammeln konnte, werde ich dabei nutzen können. Sehr gute (zu 4) Englischkenntnisse bringe ich mit und ich bin gerne bereit, meine Französischkenntnisse wieder zu vertiefen.
>
> Mein Studium werde ich Ende dieses Monats (zu 1) abschließen und ich kann zum nächstmöglichen Termin bei Ihnen beginnen.
>
> Ich freue mich auf ein Gespräch in Ihrem Haus und verbleibe
>
> mit freundlichen Grüßen
>
> Max Muster

Auswertung

Der Bewerber geht auf alle Anforderungspunkte der Stellenausschreibung ein. Mit der Bezugnahme auf seine bisherigen Erfahrungen bietet er die

Nachweise dafür, dass er die Anforderungen tatsächlich erfüllt und nicht nur behauptet, sie erfüllen zu können. Die angeführten Tätigkeiten müssen im Lebenslauf dokumentiert werden, um den Beweis abzuschließen. Für Herrn Muster gilt dies insbesondere für seine Auslandsreisen. Hier muss er mehr nachweisen als drei Wochen Mallorca.
Hinsichtlich der nicht ausreichend beherrschten zweiten Fremdsprache Französisch bietet er Lernbereitschaft an. Neben den Nachweisen für seine Eignung für die Position versucht er, auf die in der Stellenausschreibung betonte Leistungs- und Erfolgsorientierung des Unternehmens einzugehen.

Lassen sich Kompetenzen, die in einer Anzeige gefordert werden, nicht nachweisen, bleibt nur der zweitbeste Weg: Sie können behaupten, sie zu haben. Bevor Sie das tun, sollten Sie sich selbstkritisch fragen, ob es stimmt und ob Sie es wollen. Der schlechteste Weg ist, auf vorausgesetzte Kompetenzen einfach gar nicht einzugehen.

Hilfreiche Fragen

Ein paar Fragen können bei der Formulierung des Anschreibens helfen. Diese Checkliste finden Sie selbstverständlich auch wieder auf Ihrer CD-ROM, sodass Sie sie direkt in Ihre Textverarbeitung übernehmen und in beliebiger Anzahl ausdrucken können.

Fragen zu Anschreiben	
Was ist das Interesse des Einstellenden?	
Wie kann ich verdeutlichen, dass ich zur Zielerreichung beitrage?	
Welche möglichen Aussagen sind wirklich interessant und wichtig?	
Wie kann ich verdeutlichen, dass ich zur Position und zum Unternehmen passe?	
Wie erfülle ich die Anforderungen?	
Warum passe genau ich?	

Diese Fragen beantworten Sie sicher nicht erfolgreich, wenn Sie Ihre fehlenden Qualifikationen ansprechen oder in Ihren Ausführungen deutlich wird, dass Sie überqualifiziert sind. Eine Absage ist dann sehr wahrscheinlich.

Beispiele für Bewerbungsanschreiben

Nachfolgend finden Sie Beispiele für Bewerbungsanschreiben. Sehen Sie sich die Texte an und prüfen Sie, wie sie auf Sie wirken. Welche Texte sprechen Sie positiv an, welche nicht? Fragen Sie sich immer: Welche Informationen würde ich als Entscheider aus diesen Anschreiben gewinnen und animieren sie mich weiterzulesen? Die CD-ROM enthält weitere Beispiele und Muster, die Sie direkt in Ihre Textverarbeitung übernehmen und entsprechend Ihren Bedürfnissen und Anforderungen anpassen und bearbeiten können.

Der Text muss zu Ihnen passen

Bei allen guten Tipps und Anregungen: Übernehmen Sie nicht einfach irgendwelche Textpassagen. Der Text muss zu Ihnen passen.

Auf den „Original“-Bewerbungstext folgt jeweils unsere Überarbeitung.

Anschreiben Ralf Meier

Beispiel 1

Ralf Meier
Alte Gasse 22
33654 Neuss
Tel.: 0223/645342 (AB)
E-Mail: ralf.meier@web.de

Riester Deutschland GmbH
Personalabteilung
Herr Loch
Unteresche 18
42283 Düsseldorf

Neuss, 15.08.2004

Ihre Annonce vom 12.08.2004 in der FAZ -Bewerbung als Projektleiter für den Bereich Software-Lokalisierung bzw. für die Leitung von multilingualen Übersetzungsprojekten

Sehr geehrter Herr Loch,

vielen Dank für unseren ersten Kontakt und das freundlich-informative Telefonat. Ihre Erläuterungen haben mich in meinem Wunsch bestärkt, als Projektleiter in Ihrem Unternehmen tätig zu werden.

Ich bin Diplom-Biologe und werde meine Promotion voraussichtlich im Oktober mit großem Erfolg abschließen. Während dieser dreijährigen Berufszeit war ich als wissenschaftlicher Mitarbeiter mit leitenden Tätigkeiten in unserer Arbeitsgruppe beauftragt.

Schwerpunkte dieser bisherigen Berufstätigkeit umfassten u. a. die Konzeption, Organisation und Durchführung von Projekten sowie Lehrveranstaltungen für verschiedene universitäre Zielgruppen. Hierbei erwarb ich neben meiner Kommunikations- und Organisationsfähigkeit einen selbstständigen, aber auch teamfähigen Arbeitsstil. Durch die fachliche Führung von wissenschaftlichem Personal verfüge ich auch über erste Führungserfahrungen.

Aufgrund der stetigen Präsentation meiner Forschungsergebnisse auf renommierten Kongressen im In- und Ausland sowie des Erfahrungsaustauschs mit internationalen Kooperationspartnern ist der Umgang mit der englischen Sprache für mich selbstverständlich. Hierbei kamen mir erfolgreich absolvierte Englisch-Sprachkurse besonders zugute. Weiterhin besitze ich umfangreiche Kenntnisse im Umgang mit der gängigen Anwendersoftware (u. a. MS-Office).

Die Chance, als Projektleiter eine Position mit hoher Verantwortung in Ihrem Unternehmen zu übernehmen, werde ich mit hoher Motivation und Einsatzbereitschaft annehmen. Meine bisher erworbenen Kenntnisse, Fähigkeiten und Erfahrungen sehe ich als gute Voraussetzung, um diese neue berufliche Herausforderung anzugehen.

Sehr geehrter Herr Loch, sollte meine Bewerbung Ihr Interesse geweckt haben, freue ich mich auf ein persönliches Gespräch und verbleibe

mit freundlichen Grüßen

Ralf Meier

Anlage: Bewerbungsmappe

Ziel der Überarbeitung ist es, die Interessen des suchenden Unternehmens stärker anzusprechen und zu beweisen, dass die in der Anzeige formulierten Anforderungen erfüllt werden.

Überarbeitetes Anschreiben Ralf Meier

Ralf Meier
Alte Gasse 22
33654 Neuss
Tel.: 0223/645342 (AB)
E-Mail: ralf.meier@web.de

Riester Deutschland GmbH
Personalabteilung
Herr Loch
Unteresche 18
42283 Düsseldorf

Neuss, 15.08.2004

Ihre Stellenausschreibung – Projektleiter – vom 12.08.2004 in der FAZ

Sehr geehrter Herr Loch,

vielen Dank für das freundlich-informative Telefongespräch mit Ihnen. Ihre Erläuterungen haben mich in meinem Wunsch bestärkt, als Projektleiter in Ihrem Unternehmen tätig zu werden.

Für diese Tätigkeit suchen Sie junge, belastbare Mitarbeiter, die sich in einem internationalen IT-Umfeld sicher bewegen können.

Diese Herausforderung nehme ich gerne an. Die hierfür notwendigen Kompetenzen bringe ich mit. Nach meinem Abschluss als Diplom-Biologe bin ich seit 1997 als wissenschaftlicher Mitarbeiter und Doktorand an der Universität-Gesamthochschule Wuppertal tätig. Schwerpunkte meiner Tätigkeit liegen u. a. in der **Konzeption, Organisation und Durchführung von Projekten** sowie Lehrveranstaltungen.

Die kundenorientierte Ausrichtung aller Angebote auf verschiedene universitäre und außeruniversitäre Zielgruppen haben mein Kommunikationsverhalten geprägt. Die geforderte

Organisationsfähigkeit und Flexibilität haben mich gut auf die Tätigkeit eines Projektleiters in Ihrem Hause vorbereitet.

Für diese Position bringe ich aufgrund der mir übertragenen fachlichen Führung und Arbeitsgruppenleitung erste **Führungserfahrungen** mit. Ihre Erwartung, einen Mitarbeiter zu finden, dem ein internationales, englischsprachiges Umfeld vertraut ist, erfülle ich. Durch Präsentation auf Kongressen im In- und Ausland sowie die Zusammenarbeit mit internationalen Kooperationspartnern ist die **englische Sprache für mich selbstverständlich** geworden. Weiterhin besitze ich umfangreiche Kenntnisse im Umgang mit der gängigen **Anwendersoftware**.

Die Chance, als Projektleiter in Ihrem Unternehmen tätig zu sein, werde ich mit hoher Motivation und Einsatzbereitschaft annehmen. Ich freue mich darauf, meine bisher erworbenen Kenntnisse, Fähigkeiten und Erfahrungen einzubringen.

Ich sehe einem persönlichen Gespräch mit Freude entgegen und verbleibe

mit freundlichen Grüßen

Ralf Meier

Anlage: Bewerbungsmappe

Initiativbewerbung Ernst Neuser

Beispiel 2

Diplom-Ingenieur
Ernst Neuser
Ricarda Weg 19
51645 Köln
Tel.: 0221/133 78
Mobil: 0178/977 65 11
E-Mail: Neuser@t-online.de

Firma XY
Musterstr. 5

51555 Dumsdorf

Köln, den 04. Mai 2004

Bewerberprofil

Sehr geehrte Damen und Herren,

da ich eine berufliche Veränderung anstrebe, möchte ich Ihnen mein Bewerberprofil mit Lebenslauf zur Verfügung stellen.

Zurzeit leite ich das Logistikzentrum eines mittelständischen Unternehmens. Diese Funktion beinhaltet die Budget-, technische und personelle Verantwortung. Heute sind mir 300 Mitarbeiter unterstellt.

Im Rahmen meiner Tätigkeit bin ich an der Initiierung, eigenständigen Durchführung und auch Mitwirkung von Projekten beteiligt.

Ich suche eine anspruchsvolle, personalverantwortliche Führungsaufgabe, in der ich meine bereits erworbenen Erfahrungen in einem neuen Unternehmen einbringen und durch neue Aufgaben erweitern kann.

Meinen beruflichen Werdegang habe ich in einer separaten Kurzdarstellung beigefügt.

Über eine Kontaktaufnahme würde ich mich freuen.

Da ich mich in einem ungekündigten und unbefristeten Arbeitsverhältnis befinde, bitte ich Sie, meine Bewerbung vertraulich zu behandeln

Mit freundlichen Grüßen

E. Neuser

Lebenslauf

Der Bewerber schreibt nur von seinen Interessen, aber nicht davon, welchen Nutzen er für das Unternehmen bietet. Dieser wird mit der Überarbeitung, die Sie auf der nächsten Seite finden, stärker in den Vordergrund gerückt.

Überarbeitete Initiativbewerbung Ernst Neuser

Diplom Ingenieur
Ernst Neuser
Ricarda Weg 19
51645 Köln
Tel.: 0221/133 78
Mobil: 0178/977 65 11
eMail: Neuser@t-online.de

Firma
XY
Musterstr. 5
51555 Dumsdorf

Köln, den 04. Mai 2004

Leiter des Logistikzentrums

Sehr geehrte Damen und Herren,

nach langjähriger Tätigkeit und Erfahrung in der Leitung des Logistikzentrums eines mittelständischen Unternehmens suche ich eine neue berufliche Herausforderung, bei der ich meine Kompetenzen zum Nutzen des Unternehmens einbringen kann.

Sie gewinnen eine Führungskraft mit umfassenden Kenntnissen und Kompetenzen in fachlichen und betriebswirtschaftlichen Fragen und breiter Erfahrung in der Mitarbeiterführung. Führungsverantwortung trage ich aktuell für 300 Mitarbeiter.

Flexibilität und die schnelle und effiziente Auseinandersetzung mit unterschiedlichen Fragestellungen sind für Sie wesentliche Anforderungen an erfolgreiches Management. Die Breite meines heutigen Aufgabengebiets fordert mich immer wieder, diese Anforderungen über kontinuierliche Kompetenzerweiterung zu erfüllen. Über die Initiierung und eigenständige Durchführung von Sonderprojekten hatte ich Gelegenheit, mein Interesse an neuen Herausforderungen, meine Einsatzbereitschaft, aber auch meinen zielorientierten Arbeitsstil immer wieder unter Beweis zu stellen.

Gerne möchte ich meine Fähigkeiten und Kompetenzen in eine anspruchsvolle Aufgabe mit Führungsverantwortung in Ihrem Unternehmen einbringen. Ich freue mich, weitere Einzelheiten in einem persönlichen Gespräch mit Ihnen zu besprechen.

Da ich mich in einem ungekündigten und unbefristeten Arbeitsverhältnis befinde, bitte ich Sie, meine Bewerbung vertraulich zu behandeln.

Mit freundlichen Grüßen

E. Neuser

Lebenslauf

Bewerbungen per E-Mail

Im Folgenden finden Sie Beispiele für Anschreiben per E-Mail. Aspekte, die uns aufgefallen sind, führen wir jeweils an.

E-Mail Lisa Rau

Beispiel 1

> Von: Lisa Rau [Rau@web.de]
>
> Gesendet: Montag, 22. April 2004 15:32
>
> An: Jutta Schneider
>
> Betreff: Bewerbung um ein Praktikum/Ihre Anzeige bei www.prabo.de
>
> Sehr geehrte Frau Schneider,
>
> seit Juni 2002 studiere ich an der Fachhochschule der Wirtschaft in Mönchengladbach Betriebswirtschaft. Das Grundstudium habe ich abgeschlossen.
>
> Sehr gerne würde ich im Rahmen eines dreimonatigen Praktikums (Oktober-Dezember 2004 und/oder April-Juni 2005) für Ihr Unternehmen tätig sein.
>
> Die Beratertätigkeit gehört für mich zu einem der vielfältigsten, abwechslungsreichsten und spannendsten Aufgabenfelder. In einem sympathischen und professionellen Team mich neuen Herausforderungen stellen, um gemeinsam gesetzte Ziele zu erreichen, zu realisieren, eine Verbesserung zu bewirken, reizt mich sehr.
>
> Durch meine Praktika im In- und Ausland konnte ich Erfahrungen in den Bereichen Marketing, Unternehmensführung und Organisation sammeln. Aber nicht nur praktische Fähigkeiten, auch die vorurteilsfreie Zusammenarbeit und Kommunikation mit anderen Kulturen und Menschen habe ich dabei gelernt.
>
> Außer meinen bisherigen Erfahrungen bringe ich auch eine überdurchschnittliche Motivation, großen Ehrgeiz und die Freude am Lernen mit.
>
> Ich danke Ihnen für Ihre Aufmerksamkeit und freue mich sehr über eine Einladung zum Vorstellungsgespräch.
>
> Mit freundlichen Grüßen
>
> Lisa Rau

Informativ und prägnant

Das Beispiel macht deutlich, dass man als E-Mail-Anschreiben einen informativen und prägnanten Text versenden kann. Die Bewerberin stellt in ihrer Initiativbewerbung nicht nur Ihren Wunsch nach einem Praktikum dar, sondern zeigt auch Nutzen für das Unternehmen auf (Erfahrungen, Motivation und Engagement).

E-Mail Peter Neus

Beispiel 2

> Von: Peter Neus@aol.com
>
> Gesendet: Mittwoch, 8. Mai 2004 09:23
>
> An: Elke Schneider
>
> Betreff: Praktikum
>
> Hallo, ich bin seit Oktober 2003 Student der AIM „Akademie für Internationales Management“ in Mannheim. Im Marketingbereich/Eventmanagement/Redaktion/Produktion suche ich für 2-3 Monate (ab Juli 2004) einen Praktikumsplatz.
>
> Ich lasse Ihnen gerne mehr Informationen über meinen Werdegang zukommen, nachdem ich von Ihnen eine Rückmeldung bekommen habe, ob Ihr Unternehmen überhaupt Praktikumsplätze zu dieser Zeit zu vergeben hat.
>
> Vielen Dank, ich hoffe, bald von Ihnen zu hören.
>
> Mit freundlichen Grüßen,
>
> Ihr Peter Neus

Lockerer Stil, keine Informationen

Im Vergleich zum ersten E-Mail-Anschreiben ist der Schreibstil hier sehr locker. Auf Formulierungen wie „Hallo“ sollten Sie besser verzichten. Der Leser erhält keine Informationen, außer zum Studiengang. Das Schreiben wirkt eher wie ein „Rundumschlag“ und bietet wenig Anreiz, sich mit dem Bewerber zu beschäftigen. Bei einer E-Mail ist es kein Aufwand, wenigstens einen Lebenslauf beizufügen, damit der Leser sich einen ersten Eindruck von den Kompetenzen des Bewerbers verschaffen kann.

E-Mail Thomas Klett

Beispiel 3

> **Neue berufliche Herausforderung gesucht**
>
> Essen, den 06.01.2004
>
> Sehr geehrte Damen und Herren,
>
> auf meiner Suche nach einer neuen beruflichen Herausforderung wende ich mich heute an Sie.
>
> Als gelernter Groß- und Außenhandelskaufmann verfüge ich über mehrjährige kaufmännische Erfahrungen in einem etablierten Unternehmen.

> 1994 wechselte ich in die Werbebranche. Nach der Praktikums- und Volontariatszeit und Abschluss des Abendstudiums arbeitete ich mehrere Jahre in mittelständischen Werbeagenturen und verfüge heute über fundierte Marketing- und Eventerfahrungen.
>
> Derzeit arbeite ich – in einem festen Arbeitsverhältnis – im Management und in der Projektleitung bei der Firma sign official gmbh in Bonn. Es handelt sich hierbei um ein Start-up-Unternehmen, das in der Dialog- und Telemarketing Branche angesiedelt ist. Das Unternehmen habe ich unter Einsatz meiner langjährigen Erfahrungen mit aufgebaut.
>
> Meine Aufgabenbereiche umfassen u. a. die interne Kostenkalkulation und -planung (BWA), die Organisation der Buchhaltung, das Controlling, die Konzeption von Vertriebs- und Verkaufsstrategien sowie Kommunikationsmitteln, die Mitarbeiterrekrutierung und –ausbildung, die Projektkalkulation, Angebotserstellung und Projektabrechnung.
>
> Wie Sie meiner beigefügten Initiativbewerbung entnehmen können, bin ich mit den Aufgabengebieten des Marketing und der Projektleitung bestens vertraut. Und es macht mir viel Spaß, in diesem „kundennahen Bereich" zu arbeiten.
>
> Für meine neue berufliche Herausforderung, möglichst in leitender Position (Management oder Projektleitung) im Bereich Marketing/Vertrieb bzw. einer kaufmännischen Aufgabe, habe ich Industrieunternehmen avisiert. Denn Seriosität und Kontinuität sind für mich wichtige Bestandteile geworden.
>
> Meine Kündigungsfrist beträgt 4 Wochen; der Einstieg ist somit kurzfristig möglich. Mein Aktionsradius erstreckt sich vorzugsweise über den Essener/Bonner Raum bzw. Düsseldorf. Das Einstiegsgehalt sollte bei 3.500,00 € brutto liegen.
>
> Es wäre schön, wenn wir uns in einem persönlichen Gespräch näher kennen lernen könnten. Ich freue mich schon darauf, von Ihnen zu hören.
>
> Mit freundlichen Grüßen
>
> Thomas Klett
>
> Preslauer Str. 1
>
> 54399 Essen
>
> Tel.: 0231/814 79 10
>
> Mobil: 0175/308 92 19
>
> Mail: klett.privat@web.de

Kein Bezug zum Unternehmen

Dieses E-Mail-Anschreiben wirkt zwar sehr informativ, doch ist offensichtlich, dass der Bewerber Interesse an *irgendeinem* Industrieunternehmen hat, nicht aber konkret an dem, das die Bewerbung erhält. Machen Sie sich die Mühe, einen Bezug zum Unternehmen herzustellen, auch wenn Sie dann viele verschiedene Anschreiben formulieren müssen. Sie werden dafür eine positivere Resonanz erhalten.

Experten-Tipp

Betreff

Den Betreff Ihrer Mail sollten Sie so wählen, dass der Leser sofort weiß, worum es geht.

Experten-Tipp

Rechtschreibung

Achten Sie bei Ihrer Bewerbung peinlich genau auf die Rechtschreibung, am besten lassen Sie eine oder zwei Personen Korrektur lesen.

Zum Abschluss der Gruß: Wie formuliere ich ihn?

Mit den letzten Zeilen Ihres Anschreibens bekunden Sie Ihr Interesse an einem weiteren Gespräch. Hier gilt einfach die Regel: freundlich, selbstbewusst, aber nicht überheblich. Ihre Formulierung wird wenig Einfluss darauf haben, ob Sie eingestellt werden, wenn Sie die Anforderungen nicht erfüllen. Sie können hier aber noch einmal ins Fettnäpfchen treten, falls Ihr letzter Satz überheblich oder dreist wirkt. Nachfolgend einige Beispiele:

Praxis-Beispiel

Wenig Erfolg versprechend

„Es freut mich, wenn Sie mich zu einer Tasse Kaffe einladen."

„Überzeugen Sie sich von meinen Qualifikationen selbst, lassen Sie uns miteinander reden."

„Ich erwarte einen Terminvorschlag Ihrerseits."

Auf derartige Abschluss-Sätze verzichten Sie besser, sie werden Sie nicht zum Erfolg führen.

Praxis-Beispiel

Falls ein Praktikum angeboten wird

„Gerne bin ich auch bereit, Sie während eines Praktikums von meinen Fähigkeiten zu überzeugen."

Wenn ein Praktikum nicht explizit Teil der Anzeige war, wirkt diese Formulierung sehr unterwürfig.

Praxis-Beispiel

Wenig selbstbewusst

„Ich würde mich freuen, mich persönlich bei Ihnen vorstellen zu dürfen."

„Über eine Einladung zu einem persönlichen Gespräch würde ich mich sehr freuen und stehe Ihnen jederzeit zur Verfügung."

„Sollten Sie an einem persönlichen Gespräch interessiert sein, würde ich mich über einen Vorstellungstermin sehr freuen und stehe Ihnen gerne zur Verfügung."

Diese Aussagen wirken wegen der Konjunktive und der Wörter „dürfen" bzw. „jederzeit" wenig selbstbewusst.

Praxis-Beispiel

Verbindlichkeit fehlt

„Ich bin sicher, Sie bei einem persönlichen Gespräch von meiner Eignung überzeugen zu können."

Selbstbewusst ist dieser Satz, doch aus unserer Sicht fehlen hier die freundlichen, werbenden Worte wie z. B. „und freue mich darauf".

Praxis-Beispiel

Nicht ansprechend

„Über die Einzelheiten würde ich gerne persönlich mit Ihnen sprechen. Wann darf ich mich bei Ihnen vorstellen?"

„Bitte benachrichtigen Sie mich, wann ich mich bei Ihnen vorstellen darf."

„Bitte teilen Sie mir mit, wann ich mich vorstellen darf."

Auf uns wirken diese Sätze wenig ansprechend.

Praxis-Beispiel

Ohne Konjunktiv gelungener

„Über eine Einladung zu einem Vorstellungstermin würde ich mich freuen."

„Es wäre schön, wenn wir uns in einem persönlichen Gespräch näher kennen lernen könnten. Ich freue mich schon darauf, von Ihnen zu hören."

„Ich würde mich freuen, wenn ich Sie bei einer Vorstellung von meinen Fähigkeiten überzeugen könnte."

„Ich würde mich freuen, wenn ich in Ihrem Unternehmen bald meine Einsatzbereitschaft beweisen könnte."

„Über eine Kontaktaufnahme würde ich mich freuen."

Ohne Konjunktive wären diese Sätze gut.

So ist es richtig

„Habe ich Ihr Interesse geweckt? Dann freue ich mich auf ein persönliches Gespräch."

„Ich freue mich auf ein Gespräch mit Ihnen."

„Ich freue mich auf ein persönliches Gespräch, in dem wir weitere Einzelheiten besprechen können, und verbleibe ..."

„Auf eine Einladung zu einem persönlichen Gespräch freue ich mich."

„Ich freue mich, weitere Einzelheiten in einem persönlichen Gespräch mit Ihnen zu besprechen."

Freundlich und gut.

Bei einer Initiativbewerbung

„Wenn Sie eine interessante Position zu besetzen haben, idealerweise mit Führungs- und/oder Projektverantwortung, freue ich mich sehr, Sie persönlich kennen zu lernen."

Gut für eine Initiativbewerbung, noch besser wäre: „... freue ich mich, wenn wir uns persönlich kennen lernen."

Bei einer Kurzbewerbung

„Ich freue mich sehr auf Ihren Anruf oder schriftlichen Kontakt, wenn Sie in meiner Qualifikation das Richtige für Ihr Unternehmen sehen. Zeugnisse, Arbeitsproben usw. schicke ich Ihnen gerne zu."

Gut für eine Kurzbewerbung, die nur mit Lebenslauf versendet wurde.

Die Stilfrage

Die unterschiedlichen Texte, Einleitungs- und Schluss-Sätze machen unterschiedliche Schreibstile deutlich. Auch beim Stil sollten Sie an den Leser denken und nicht daran, wie Sie möglichst viel in einen Satz bekommen. Deshalb gilt:

Regeln

- Formulieren Sie kurze Sätze. Punkte sind besser als Kommata. Wenn Sie lange Sätze in Ihrem Text entdecken, versuchen Sie, mehrere Einzelsätze daraus zu formulieren.
- keine verschachtelten oder Kettensätze (Ihre Bewerbung ist weder ein Rätsel noch eine Konzentrationsaufgabe)
- Nehmen Sie nicht mehr als zwei Aussagen in einen Satz auf.
- Wir haben bereits darauf hingewiesen, dass Konjunktive (könnte, dürfte, würde etc.) wenig vorteilhaft sind. Ähnlich verhält es sich mit Wörtern und Floskeln wie „ich glaube, ich denke“ und „eventuell, vermutlich, gegebenenfalls, unter Umständen“. Sie drücken nicht das gewünschte Selbstbewusstsein aus. Wir benutzen sie immer dann, wenn wir uns nicht festlegen wollen.
- Ihr Text wird eingängiger und verständlicher, wenn Sie auf den leider verbreiteten Nominalstil verzichten. Die Aussagen werden sonst statisch. Benutzen Sie aktive Verben, um die eigene Dynamik und Handlungsorientiertheit zu beweisen. Der Text ist dann auch verständlicher.

Praxis-Beispiel

Aktives Handeln beschreiben

Formulierung im Nominalstil:

„Die Zusammensetzung und Steuerung der Projektgruppen lag in meiner Verantwortung. Meine berufliche Entwicklung zeigt eine beständige Verbesserung meiner Kommunikationskompetenzen."

Aktive Formulierung:

„Ich bildete und steuerte die Projektgruppen eigenverantwortlich. Fortlaufend konnte ich meine Kommunikationskompetenzen erweitern und verbessern."

CD-ROM

Die nachfolgende Checkliste hilft Ihnen beim Erstellen eines Anschreibens. Selbstverständlich finden Sie auch diese Checkliste wieder auf Ihrer CD-

ROM, sodass Sie sie bequem in Ihre Textverarbeitung übernehmen bzw. ausdrucken können.

Checkliste: Anschreiben	**ja**	**nein**
Konkreter Betreff	✓	
Eine Seite nicht überschritten		
Ca. 25 Zeilen Text		
Klares und leicht lesbares Schriftbild in Elf-Punkt-Schriftgröße		
Nur ein Schrifttyp verwendet		
Wichtiges durch Fettdruck oder Unterstreichung hervorgehoben		
Aufteilung des Textes in nicht mehr als fünf Absätze		
Anlagenverzeichnis nur benannt		
Unterschrift: Vor und Nachname		
Anschreiben ist an eine Kontaktperson adressiert		
Aussagen sind prägnant und auf das Wichtige konzentriert		
Dokument ist übersichtlich und regt zum Lesen an		
Ideales Verhältnis von Informationswert und Leseaufwand		
Beweise, dass die Positionsanforderungen erfüllt werden		
Keine überflüssigen Konjunktive		
Kurze Sätze, keine Satzketten und Schachtelsätze		
Maximal zwei Aussagen pro Satz		
Rechtschreibung und Interpunktion sorgfältig überprüft		

Den Regeln folgen oder davon abweichen?

Vielleicht erscheint Ihnen das alles etwas reglementiert und allzu klassisch. Fragen Sie sich, ob das heute noch so sein muss oder ob man im Zeitalter der neuen Medien und der papierlosen Kommunikation nicht weiter ist und alte, strenge Regeln großzügiger interpretieren kann?

Wann Sie sich Abweichungen erlauben können

Möglicherweise, ja. Sie können sich entsprechende Abweichungen am ehesten dann erlauben, wenn Sie viel oder Besonderes zu bieten haben. Auch in engen Arbeitsmärken sind Personalentscheider großzügiger und Sie können freier gestalten. Aber prüfen Sie immer: Welchen Vorteil hat Unkonventionalität gegenüber dem Risiko, unangenehm aus dem Rahmen zu fallen? Was Sie mit Ihren Unterlagen erreichen wollen, ist einzig und allein, eine Selektionsstufe zu überwinden. Ihr Ziel ist es, zum Gespräch eingeladen zu werden. Nicht mehr, aber auch nicht weniger.

Wie viel Kreativität ist sinnvoll?

Ähnlich verhält es sich mit der Kreativität. Ja, Sie können Ihre Kreativität einsetzen, aber bitte gut und sparsam. Dann kann sie ein Plus für Sie sein. Doch seien Sie vorsichtig. Erwecken Sie nicht den Eindruck, mit Kreativität vorhandene Defizite ausgleichen zu wollen. Das kommt eher schlecht an. Farbe als Gestaltungsinstrument ist, wenn sie intelligent genutzt wird, durchaus erlaubt.

Experten-Tipp

Wenn kreativ, dann richtig gut

Achten Sie bei der Gestaltung auf einen stimmigen Gesamteindruck. Die Kreativität, die Sie dabei entwickeln, muss zu Ihnen, zur Position und zu dem Unternehmen, bei dem Sie sich bewerben, passen. Egal wie Sie Ihre Unterlagen gestalten: Qualität steht für Ernsthaftigkeit und für die Wertschätzung des Lesers.

Wenn ich mich im Ausland bewerben möchte

Ländertypische „Bewerbungsregeln"

Es zieht Sie ins Ausland und Sie wollen Ihre Bewerbung direkt an Unternehmen im jeweiligen Land senden? Da reicht es nicht, die Unterlagen nach deutschen Standards zusammenzustellen und zu versenden. Bevor Sie Ihre Bewerbungen international verschicken, sollten Sie sich mit den ländertypischen „Bewerbungsregeln“ auseinander setzen.

Regeln für Europa und USA

Hier ein paar allgemeine Hinweise:

- In **Europa** und in den **USA** sind Lebenslauf und Anschreiben sehr wichtig.
- In **Frankreich** sollte die Motivation des Bewerbers in einem handschriftlichen Begleitbrief dargelegt werden.
- In **Großbritannien** werden im Lebenslauf Erfahrungen und Kenntnisse ausführlich genannt, die der Bewerber bei unterschiedlichen beruflichen Tätigkeiten sowie Aktivitäten außerhalb des Berufslebens gesammelt hat.
- In **Italien** haben private Interessen und Engagements im Lebenslauf nichts verloren, auch ein Foto ist nicht üblich.
- In **Spanien** existieren keine strengen Regeln, allerdings werden hier der Bewerbung keine Zeugnisse beigefügt.
- Oft verschicken die Unternehmen (insbesondere in **Großbritannien**) standardisierte Bewerbungsformulare, die der Bewerber ausfüllen muss.
- In den **USA** werden aufgrund der strengen Diskriminierungsbestimmungen weder Alter noch Stellung der Eltern erwähnt. Auch hier wird auf ein Passbild verzichtet.
- Eine weitere Besonderheit in den meisten ausländischen Staaten: Ausbildungs- und Studienorte spielen eine große Rolle. Vor allem in den **USA** und **Großbritannien** ist es von Vorteil, wenn der Bewerber Studienzeiten an renommierten Universitäten aufzuweisen hat.

Internationale Bewerbungen

Experten-Tipp

Bei internationalen Bewerbungen empfehlen wir Ihnen eine vertiefte Auseinandersetzung mit dem jeweiligen Land und den dort gültigen Standards.

Informationsquellen für die Erstellung internationaler Unterlagen

Die **ZAV** (Zentralstelle für Arbeitsvermittlung – Auslandsabteilung, Villemombler Str. 76, 53123 Bonn, Tel. 0228/713-0 Fax 0228/713-1111, E-Mail Bonn-ZAV@arbeitsagentur.de) bietet vielfältige Informationen zur Arbeitsaufnahme im europäischen Ausland. Hier erhalten Sie Informationen zu Bewerbungen im Ausland und zu den Arbeitsbedingungen im gewünschten Land. Zum Teil vermittelt die ZAV auch Stellen.
Informationen erhalten Sie auch über die **Carl Duisberg Gesellschaft** in Köln (Carl Duisberg Gesellschaft e. V., I13, Weyerstr. 79-83, 50676 Köln, Tel. 0221/2098-0, Fax 0221/2098-111, E-Mail info@cdg.de).

Informationsquellen für Auslandsjobs allgemein

Wenn Sie einen Job im Ausland suchen, finden Sie u. a. hier Informationen:

- Außenhandelskammern
- deutsche Niederlassungen ausländischer Unternehmen
- deutsche Unternehmen mit internationalen Niederlassungen (fragen Sie in den Unternehmen, welche Möglichkeiten einer Beschäftigung im Ausland sie bieten)
- Datenbank EURES (enthält europaweite Stellenangebote)
- Printmedien (die FAZ beispielsweise hat in ihrem Stellenteil immer Positionen im Ausland. In der internationalen Presse werden Sie dagegen eher weniger Stellenangebote finden. Stellenmärkte sind häufig auf die nationalen Ausgaben beschränkt)
- Internet (wichtige Informations- und Suchmöglichkeit für Auslandstätigkeiten. Greifen Sie auf internationale oder länderspezifische Suchdienste und Angebote zurück. Für die USA z. B. lohnt sich ein Blick in www.careerpath.com und www.emdsnet.com. Weitere Internetadressen:
  - Belgien: www.jobs-career.be
  - Dänemark: www.ammulti.dk
  - Frankreich: www.lemonde.fr
  - Großbritannien: jobs.guardian.co.uk

- Irland: www.irishjobs.ie
- Kanada: www.netjobs.com
- Niederlande: www.werk.nl
- Norwegen: www.aetat.no

Sie können Ihre Stellensuche natürlich auch mit einer Reise in Ihr Zielland verbinden, vor Ort nach potenziellen Arbeitgebern suchen und gleichzeitig wertvolle Informationen gewinnen.

Experten-Tipp

Bewerbungen in der Landessprache

Bewerbungen an ausländische Unternehmen werden selbstverständlich in der Landessprache erstellt. Achten Sie unbedingt auf die richtigen Formulierungen und Schreibweisen. Vielleicht haben Sie einen Freund oder Bekannten, dessen Muttersprache die Sprache des Ziellandes ist. Geben Sie ihm Ihre Unterlagen zum Lesen. Zeugnisse und andere Referenzen *müssen* übersetzt (und sollten beglaubigt) werden.

Experten-Tipp

Leserorientiert

Machen Sie in Ihrem Anschreiben den Nutzen deutlich, den das Unternehmen hat, wenn es Sie beschäftigt. Sie müssen sich von einheimischen Bewerbern positiv abgrenzen! Vergessen Sie nicht, Ihre Motivation für eine Tätigkeit in diesem Land und bei dieser Firma darzulegen.

Fast noch wichtiger als bei deutschen Unternehmen ist es für Ihre Auslandsbewerbung, dass Sie sich umfassend über das Unternehmen und die Arbeitsbedingungen informieren. Darüber hinaus sollten Sie Land, Kultur und Mentalität gut kennen. Das gilt nicht nur für die Bewerbung: Wie viele Mitarbeiter haben in ihrer Auslandstätigkeit zu kämpfen, weil sie mit Land und Kultur nicht zurecht kommen!

Wie überzeuge ich mit meinem Lebenslauf?

Lebenslauf aktualisieren

Praxis-Beispiel

Seit Michael K. seine letzte Bewerbung geschrieben hat, sind bereits einige Jahre vergangen. Da er sich jetzt wieder auf Jobsuche begibt, müssen natürlich auch die aktuellen und neuen Qualifikationen und Erfahrungen in seinen Lebenslauf. Ganz sicher ist sich Michael K. nicht, ob die Struktur und Gestaltung seines alten Lebenslaufs noch so up to date sind.

Der qualifizierte Lebenslauf

Die am häufigsten gewählte Variante ist der qualifizierte Lebenslauf. Damit wollen Sie den Leser Ihrer Unterlagen von Ihrer fachlichen Eignung und Ihren für die Position relevanten beruflichen Erfahrungen überzeugen. Alle für die Stelle entscheidenden Informationen sollte der Leser schnell aufnehmen können.

Um das zu erreichen, kommt es beim Lebenslauf hauptsächlich auf Struktur und Übersichtlichkeit an. Es geht darum, Stationen der beruflichen Entwicklung mit Zeitangaben und relevanten Qualifikationen und Erfahrungen übersichtlich zu vermitteln.

Regeln für die Gestaltung

Für die Gestaltung gelten ähnliche Regeln wie für das Anschreiben:

- leicht lesbarer Schrifttyp
- nur ein Schriftyp
- Hervorhebungen mit Fettsatz oder Unterstreichung (sparsam nutzen, um die Übersichtlichkeit zu erhalten)
- Zeilenabstand einzeilig
- nicht zu viel auf eine Seite, da diese sonst unübersichtlich wird und der Leser die wesentlichen Informationen nicht mehr rasch erfassen kann
- klare Struktur, einheitlicher Aufbau
- prägnant auf das Wesentliche beschränkt
- nicht mehr als 30 Zeilen pro Seite
- Gliederungsebenen hervorheben

- Einzelne Gliederungspunkte (Ausbildung, Berufserfahrung etc.) werden durch zwei Leerzeilen voneinander getrennt.
- Stationen innerhalb eines Gliederungsschwerpunktes werden durch eine Leerzeile getrennt.
- Unterschiedliche Schwerpunkte innerhalb einer Station können durch eine oder eine halbe Leerzeile getrennt werden.

Struktur des qualifizierten Lebenslaufs

Welchen Umfang hat ein Lebenslauf?

Bevor es um die Struktur geht, ist die Länge des Lebenslaufs ein wichtiger Aspekt. Bewerber merken öfter einmal an, dass sie gelesen haben, der Lebenslauf dürfe nicht mehr als eine, maximal zwei Seiten umfassen. Aber was machen Sie, wenn sie zehn Jahre lang berufstätig sind und mehrere interessante Stationen absolviert haben?

Was Sie auf eine oder zwei Seiten schreiben können, ist mehr als begrenzt. Der Leser muss also alle beiliegenden Unterlagen auswerten, um detailliertere Informationen zu gewinnen. Das ist aufwändig und ärgerlich und wirkt sich wahrscheinlich weniger günstig auf die Sympathiewerte aus.

Vielleicht versuchen sie auch, alles auf zwei Seiten zu quetschen, in dem Sie die Schrift noch etwas kleiner machen und die Zeilenabstände reduzieren. Jetzt haben Sie zwar alles untergebracht, aber nicht besonders leserfreundlich. Ihr Lebenslauf wirkt überfrachtet und bietet keinen Anreiz, sich intensiv mit ihm auseinander zu setzen. Also scheint auch das nicht die richtige Lösung zu sein.

Setzen Sie Schwerpunkte

Wie finden Sie nun das richtige Maß? In Ihrem Lebenslauf kann und muss nicht alles stehen, was es zu Ihnen zu sagen gibt. Setzen Sie Schwerpunkte.

Experten-Tipp

Das richtige Maß

Fragen Sie sich, welche Stationen für die Position, auf die Sie sich bewerben, wirklich relevant sind: positionsbezogene Erfahrungen, branchenbezogene Erfahrungen, besondere Qualifikationen usw. Diese Stationen führen Sie in Ihrem Lebenslauf näher aus und beschränken sich bei allem anderen auf die wesentlichen Aussagen.

Sich mit ausführlicheren Hinweisen auf die interessanten Stationen zu beschränken ist die eine Möglichkeit. Insgesamt sind wir der Ansicht, dass es besser ist, drei Seiten Lebenslauf zu verfassen, als kürzere Dokumente zu gestalten, die wegen Ihrer Dichte abschrecken. Eine weitere Möglichkeit ist, nähere Ausführungen zu den einzelnen Stationen auf einer so genannten „dritten Seite“ aufzuführen. Hier können Sie konkrete Positions- und Aufgabenbeschreibungen bieten und haben Ihren Lebenslauf trotzdem übersichtlich gestaltet.

Aufbau und Gliederung

Der Lebenslauf dient zwei wichtigen Zielen: Ziele

1. Aufzeigen der fachlichen Qualifikation
2. Darstellung der biografischen Entwicklung

An diesen beiden Zielen orientiert sich der Aufbau. Mit der Gliederung soll erreicht werden, dass der Leser sowohl die Qualifikation als auch die Biografie schnell erfassen kann.

Hierzu werden zum einen Blöcke mit einer entsprechenden Überschrift gebildet. Dies sind z. B.: Blöcke bilden

- Persönliche Daten
  - Schule
  - Ausbildung
  - Wehr-/Zivildienst
  - Praktika
  - Jobs/Nebentätigkeiten
- Berufserfahrung
  - Weiterbildungen/Zusatzqualifikationen
  - Ehrenämter
  - Interessen/Hobbys
  - Besondere Kenntnisse (EDV, Sprachen)

Zum anderen werden die einzelnen Stationen mit Zeitangaben versehen. Für eine schnell erfassbare Darstellung der Informationen hat sich der Zeitangaben zweispaltige Aufbau bewährt: Links stehen die Zeitangaben, rechts die dazugehörigen Inhalte.

Experten-Tipp

Zeitabschnitte richtig angeben

Für die Zeitangaben werden die vollen Monate und Jahre angegeben: „10/02 bis 07/04" oder „10.02–07.04". Die Angabe der Jahre allein reicht nicht, es ist zu ungenau („01–03").

Bei aktuellen Positionen schreiben Sie: „07.02 bis heute" oder „seit 07.02" oder nur „–07.02".

Beim Aufbau können Sie sich an folgender Struktur orientieren:

Struktur

- Überschrift: „Lebenslauf", „Beruflicher Werdegang" oder „Curriculum Vitae". Setzen Sie die Überschrift größer und fett.
- Persönliche Daten:
  - Vor- und Nachname, ggf. Geburtsname
  - Geburtsdatum und Ort
  - optional: Familienstand, Konfession, Nationalität, Adresse (nur wenn sie kein Deckblatt mit Ihren Adressdaten verwendet haben)

Die einzelnen Gliederungsschwerpunkte werden chronologisch oder umgekehrt chronologisch geordnet.

Chronologischer Aufbau

Die Gliederungsebenen folgen der zeitlichen Abfolge. Dabei stehen die am weitesten zurückliegenden Schwerpunkte am Anfang, in der Regel ist das die Schulbildung.

Gegenchronologischer Aufbau

Hier beginnen Sie mit dem jüngsten Schwerpunkt, Ihrer aktuellen Position, und enden mit der Schulbildung. Dieser Aufbau wird gewählt, um die für die Position relevanten Informationen in den Vordergrund (nämlich an den Anfang) zu rücken. International ist diese Form des Lebenslaufs üblich. In Deutschland ist man es allerdings gewohnt, chronologisch zu lesen.

Mischung aus beidem

Um die Übersichtlichkeit zu erhalten, können Sie den strikten chronologischen Aufbau verlassen, wenn es notwendig erscheint. Dies ist z. B. angebracht, wenn Sie nach einer ersten Ausbildung berufstätig waren und dann eine zweite Ausbildung begonnen haben. Fassen Sie in diesem Fall beide Phasen unter dem Punkt „Ausbildung" zusammen. Andernfalls müssten Sie einen zweiten Hauptpunkt „Ausbildung" zwischen Ihre Berufserfahrungen legen, was letztendlich unübersichtlicher ist.

Vollständigkeit

Vollständig und lückenlos

Der Lebenslauf sollte auf jeden Fall vollständig und lückenlos sein. Diese Anforderung stellt all diejenigen vor ein Problem, die längere Phasen hinter sich haben, in denen sie „nichts" oder nichts Berufsrelevantes gemacht haben. Damit meinen wir nicht zwei oder vier Wochen und auch nicht den Erziehungsurlaub, der ja angegeben werden kann. Hier geht es um „das Jahr, als ich noch keinen Studienplatz hatte und mir ein schönes Leben gemacht habe". Oder Zeiten längerer Arbeitslosigkeit.

Experten-Tipp

Erklären Sie Lücken

Bei zeitlichen Lücken ist es wichtig, dass Sie sinnvoll und schlüssig erklären, was Sie getan haben, nicht irgendwelche Aktivitäten erfinden.

Wir sind der Meinung, dass auch eine sechsmonatige Weltreise sinnvoll erklärt werden kann, und halten das für besser, als den Zeitraum nicht zu benennen in der Hoffung, dass es keiner sieht.

Wenn Sie Lücken haben, sollten Sie erst einmal überprüfen, ob Sie in dieser Zeit nicht irgendwelchen sinnvollen Aktivitäten nachgegangen sind. Vielleicht wird Ihr Erinnerungsvermögen durch folgende Beispiele angeregt:

- Nebenjob
- Projektarbeit
- Tätigkeit ohne Bezahlung für Freunde oder Familienangehörige
- wichtiges privates Projekt (Hausbau, Umbau)
- Weiterbildung

- Besuch einer Hochschule als Gasthörer
- Ehrenämter und wichtige Vereinstätigkeiten
- soziale oder karitative Aufgaben

Je mehr Ihre außerberufliche Aktivität mit Ihrem Beruf im Zusammenhang steht, umso besser. Dann hatten Sie auch in dieser Phase Gelegenheit, wichtige berufsrelevante Erfahrungen zu sammeln.

Wie differenziert müssen meine Angaben sein?

Wie viele Informationen Sie zu den einzelnen Lebensstationen geben, richten Sie am besten danach aus, welche Anforderungen für die gewünschte Position bestehen. Wenn Sie sich auf einen Ausbildungsplatz bewerben, sollten Sie schulische und außerschulische Aktivitäten (Vereinsarbeit, Jugendarbeit, Ferienjobs, Praktika etc.) in den Vordergrund rücken. Wenn Sie sich nach Jahren der Berufstätigkeit um eine neue Position bewerben, sind diese Aktivitäten nicht mehr von Interesse und können auf das Wesentliche beschränkt werden.

Erfolge, Erfahrungen, Ergebnisse

Entsprechend ist für Ihre fünfte Position die erste nicht mehr wirklich wichtig. Es sei denn, Sie haben dort Erfahrungen gesammelt, die Sie ganz besonders für die neue Stelle qualifizieren. In diesem Fall lohnt es sich, diese Erfahrungen genauer zu benennen. Stellen Sie prinzipiell Erfolge und Ergebnisse dar, wenn sie für Sie sprechen. Ist im Lebenslauf dafür nicht ausreichend Platz, nehmen Sie die Beschreibung unter „Aufgabenbeschreibung" auf die „dritte Seite".

Schule und Ausbildung

Wenn sie noch am Anfang Ihrer beruflichen Entwicklung stehen, können Sie diese beiden Punkte trennen. Andernfalls fassen Sie die Stationen, die zueinander gehören, zusammen. Genannt werden unter diesem Gliederungspunkt:

- **Schulzeit** (außer bei Bewerbungen um einen Ausbildungsplatz reicht hier die Schule, in der der Abschluss gemacht wurde. Nennen Sie Zeitraum, Schultyp und Abschluss.)
- **Ausbildungszeiten** (Zeitraum, Ausbildungsbetrieb, Sitz des Unternehmens, Abschluss, wesentliche Erfahrungen; aber nur, wenn es für die nächste Position relevant ist)
- **Berufsschulzeiten** (Zeitraum, Schultyp und Abschluss, evtl. interessante Besonderheiten)
- **Fachschulzeiten** (Zeitraum, Schultyp und Abschluss, evtl. interessante Besonderheiten)
- **Schulzeiten im Ausland** (Zeitraum, Schultyp, Ort und Abschluss, evtl. interessante Besonderheiten)
- **Wehr- oder Ersatzdienst** (Zeitraum, Einsatzbereich, Ort, wesentliche berufsbezogene Erfahrungen, wenn sie noch relevant sind)
- **Tätigkeiten als Au-pair** (Zeitraum, Einsatzbereich, Ort, wesentliche berufsbezogene Erfahrungen, wenn sie noch relevant sind)
- **freiwilliges soziales Jahr** (Zeitraum, Einsatzbereich, Ort, wesentliche berufsbezogene Erfahrungen, wenn sie noch relevant sind)
- **Praktika** (Zeitraum, Einsatzbereich, Ort, wesentliche berufsbezogene Erfahrungen, wenn sie noch relevant sind)

Ausbildung oder Berufstätigkeit

Experten-Tipp

Haben Sie in Jobs bereits einschlägige berufsbezogene Erfahrungen gesammelt, können Sie diese Stationen auch unter dem Gliederungspunkt „Berufstätigkeit/-erfahrung" aufführen.

Hoch- und Fachhochschulausbildung

Wenn Sie sich um eine Startposition nach dem Studium bewerben, können Sie Ihrer Hochschulausbildung einen eigenen Gliederungspunkt widmen. Dies sollten Sie auch dann tun, wenn Sie verschiedene Studienstationen und Auslandssemester hatten. Liegt Ihr Studium schon zehn Jahre zurück und weist keine Besonderheiten auf, können Sie es unter dem Gliederungspunkt „Ausbildung“ anführen. Nennen Sie den Punkt dann entsprechend z. B.

„Schul- und Hochschulausbildung“ oder „Schul-, kaufmännische und Hochschulausbildung“.

Angaben zum Studium:

- Bennen Sie jede Station Ihres Studiums mit Anfangszeitpunkt, (erwartetem) Abschlusszeitpunkt, Name und Ort der Hoch-/Fachhochschule, Studienfach, wichtigen Nebenfächern, (erwartetem) Abschluss (z. B. „Diplom-Kaufmann“) und (erwarteter) Abschlussnote (z. B. „Gesamtabschlussnote: 2,3“)
- Geben Sie Wechsel während des Studiums an. Das können Ortswechsel oder Änderungen der Studienrichtung/des Faches sein. Haben Sie vor dem Wechsel Prüfungen abgelegt, führen Sie diese an. Erscheinen Lücken oder ist Ihr Studiumsverlauf für den Leser nicht nachvollziehbar, führt das schnell zu Spekulationen. Meist liegt die Vermutung nahe, dass die Leistungen nicht ausreichten. Vermeiden Sie solche Spekulationen, in dem Sie alle notwendigen Angaben machen.
- In gleicher Weise führen Sie Auslandssemester mit allen relevanten Daten an. Zusätzlich sollten Sie die Schwerpunktthemen Ihres Auslandsstudiums angeben.

Experten-Tipp

Positionsbezogene Besonderheiten hervorheben

Haben Sie Studienschwerpunkte oder Fächer belegt, die Sie für die Position, auf die Sie sich bewerben, besonders qualifizieren, sollten Sie diese benennen. Das Gleiche gilt für Projekte, Hausarbeiten oder Referate während des Studiums und Ihre Diplom-/Magister-/Abschlussarbeit. Auch besondere berufsrelevante Interessen während des Studiums gehören dazu.

- Deckt sich das Thema Ihrer Abschlussarbeit mit den Anforderungen der ausgeschriebenen Stelle, können Sie hier etwas ausführlichere Angaben machen. Es ist für unkundige Leser oft schwierig, einen fachspezifischen Titel in seiner Bedeutung richtig einzuschätzen. In diesem Fall können allgemeine Beschreibungen der Arbeit das Verständnis erleichtern.
- Haben Sie während des Studiums zwei bis drei Publikationen verfasst, nehmen Sie diese in den Lebenslauf auf. Sind es mehr, erstellen Sie besser eine eigene Seite mit „Veröffentlichungen“. Das gilt auch für Bewerbun-

gen im wissenschaftlichen Bereich. Hier gehört die Publikationsliste dazu. Anders verhält es sich, wenn Sie sich aus einer wissenschaftlichen Position bei einem Wirtschaftsunternehmen bewerben. Eine Publikationsliste mit über 20 Titeln wirkt dann erschlagend und erweckt vielleicht den Eindruck, Sie seien zu sehr Wissenschaftler, um in der Wirtschaft zurechtzukommen.

Eignung vor Quantität

Experten-Tipp

Für Ihre Bewerbung bei einem Wirtschaftunternehmen sollten Sie eine Auswahl der Publikationen treffen, z. B. jene fünf, die sich am meisten mit den Inhalten und Anforderungen der zu besetzenden Position decken oder einen Bezug zum späteren Arbeitsumfeld erkennen lassen.

Was tun bei langen Studienzeiten und schlechten Noten?

Es wird gute Gründe gegeben haben, warum es so ist, wie es ist. Wenn Sie aber anfangen, lange Studienzeiten und schlechte Noten aufwändig zu begründen, wirkt das unprofessionell. Sie können es nicht mehr ändern, also ist es besser, einfach dazu zu stehen. Als Erklärungen taugen nur persönliche Schicksalsschläge oder Einflüsse, die außerhalb Ihrer Macht liegen.

Erklärung für Lücken

Praxis-Beispiel

In folgendem Fall ist die Erklärung wichtig, weil sie vor falschen Spekulationen schützt. So bringen Sie sie in den Lebenslauf ein:

09.97 – 10.2004	Maschinenbau - Verfahrenstechnik Technische Hochschule, Bonn Dipl.-Ingenieur, Gesamtnote 2,6 Diplomarbeit: Qualitätssicherung im Spritzgussbereich (gut)
02.99 – 11.01	Pflege eines Familienangehörigen nach schwerem Unfall

Berufstätigkeit

Alle Stationen aufführen

Sie führen alle Stationen Ihrer Berufstätigkeit mit Zeitraum, Unternehmen, Position oder Funktionsbereich und Ort auf. Das Gleiche gilt für Besonderheiten wie Projektverantwortung, Führungsverantwortung usw.

Den Umfang der Beschreibung richten Sie an der Anzahl Ihrer Stationen und deren Bedeutung für die Position, auf die Sie sich bewerben, aus.

Haben Sie erst eine oder zwei Stellen gehabt, können Sie eine differenziertere Beschreibung mit in den Lebenslauf nehmen. Dafür orientieren Sie sich an den Kriterien Tätigkeitsschwerpunkte oder Aufgabenfelder, Verantwortungen und Ergebnisse. Auch hier gilt wieder: nicht alles auflisten, sondern das, was für Ihre Zielposition relevant ist.

Hatten Sie bereits mehrere verschiedene Positionen, übernehmen Sie die Tätigkeitsbeschreibung besser auf eine „dritte Seite", um den Lebenslauf nicht zu überfrachten. Sehr wichtige Informationen können Sie für die letzten zwei Positionen im Lebenslauf aufführen, damit der Leser sie schneller zur Kenntnis nimmt.

Experten-Tipp

Auch in Nebenjobs sammeln Sie Erfahrungen

Gerade wenn Sie erst am Anfang Ihrer beruflichen Entwicklung stehen, sollten Sie Praktika, Nebentätigkeiten und Jobs aufführen. Im Praktikum konnten Sie evtl. wichtige Erfahrungen für Ihre Zielposition gewinnen. Selbst völlig artfremde Nebentätigkeiten und Jobs (Kneipe, Tankstelle, Sonnenstudio), die Sie evtl. zur Studienfinanzierung übernommen haben, dokumentieren nicht nur Einsatzbereitschaft, sondern auch, dass Sie wissen, was es heißt zu arbeiten. ◂

Jobben heißt Erfahrung sammeln

Uns sind Berufsstarter, die während der Schulzeit oder des Studiums zur Finanzierung Ihres Lebensunterhalt gearbeitet haben, lieber als „Nur-Studenten/-Schüler". Es ist ein Unterschied, ob man sich lediglich im Schul-/Universitätsumfeld bewegt oder weiß, wie es am Fließband zugeht bzw. wie schwierig Restaurantgäste sein können. Bei gleicher Qualifikation würden wir (und das deckt sich mit der Haltung vieler Personalverantwortlicher, mit denen wir im Lauf der Jahre gearbeitet haben) jemanden mit Joberfahrung bevorzugen. Haben Sie Jobs übernommen, die Sie für die angestrebte Position qualifizieren – umso besser.

Wie gehe ich mit meiner früheren Selbstständigkeit um?

Selbstständige, die sich um eine feste Anstellung bewerben, haben zwei Eigenschaften, die für Unternehmen problematisch sind:

Problem Selbstständigkeit

1. Sie gelten als „gescheitert". Die Freiberuflichkeit sollte auf jeden Fall erklärt werden, sonst liegt die Vermutung nahe, dass sie nicht auf Freiwilligkeit beruht. Und dann könnte der Personalentscheider die Befürchtung hegen, dass der Bewerber auch im Unternehmen nicht die erforderliche Leistung erbringen würde (was natürlich eine völlig irrige Annahme sein kann).
2. Sie sind zu selbstständig und lassen sich schwer integrieren. Wer wirklich mit vollem Engagement eigenverantwortlich gearbeitet hat, tut sich in der Tat häufig schwerer, sich den Regeln und Abhängigkeiten einer Organisation zu fügen, als jemand, der diese Eigenständigkeit nie kennen gelernt hat.

Als Selbstständiger sind Sie gefordert, in Ihren schriftlichen Unterlagen die richtigen Worte zu finden, um nicht sofort den einen oder anderen Stempel aufgedrückt zu bekommen. Ein bisschen Understatement ist vielleicht angebrachter, als die Selbstständigkeit zu sehr zu betonen.

Understatement ist sinnvoll

Was führe ich unter „Zusatzqualifikationen" oder „besondere Kenntnisse" auf?

Unter diesen Gliederungspunkt fallen z. B.:

- EDV-Kenntnisse (detaillierte Angaben insbesondere in der IT-/EDV-Branche oder verwandten Bereichen): Sie sollten nicht nur die Programme und Betriebssystemumgebungen, die Sie beherrschen, sondern auch eine Qualifikation dazu angeben („Anfängerkenntnisse, User-Kenntnisse, vertiefte Detailkenntnisse" etc.).

EDV-Kenntnisse

- Sprachkenntnisse: Seien Sie ehrlich! Sind gute Sprachkenntnisse Voraussetzung, dann rechnen Sie damit, dass ein späteres Interview in der geforderten Sprache abläuft. Wenn Sie dann zugeben müssen, dass Ihre Kenntnisse doch eher gering sind, wird es peinlich.

Sprachkenntnisse

Sprachprüfungen/Zertifikate

- Sprachprüfungen/Zertifikate können Sie mit aufführen. Den Umfang Ihrer Sprachkenntnisse beschreiben Sie mit „Schulkenntnisse, konversationssicher, verhandlungssicher" usw.

Weiterbildungen/Zusatzqualifikationen

- Weiterbildungen/Zusatzqualifikationen: Vielleicht haben Sie nebenberuflich oder im Rahmen Ihrer aktuellen Tätigkeit Weiterbildungen absolviert oder eine Zusatzqualifikation erworben. Die sollten Sie hier aufführen. Wollen Sie für die Bewerbung auf eine Führungsposition dokumentieren, dass Sie bereits an entsprechenden Trainings teilgenommen haben, müssen Sie mehr nennen als ein zweitägiges Führungstraining vor sechs Jahren an der Uni. Haben Sie an sehr vielen Weiterbildungen teilgenommen, sollten Sie differenzieren, welche tatsächlich qualifizierend waren. Weiterbildungen, die lange zurückliegen, müssen Sie dann nicht erwähnen.

Hobbys und Interessen

Hobbys haben Aussagekraft

Auch über diesen Punkt wird viel diskutiert: Müssen sie erwähnt werden oder nicht? Hobbys und Interessen gehören auf jeden Fall dann in Ihren Lebenslauf, wenn Sie am Anfang Ihrer beruflichen Entwicklung stehen. Bewerben sie sich um einen Ausbildungsplatz, eine erste Stelle nach der Ausbildung, sind Hobbys und Interessen eine Möglichkeit, Engagement, Einsatz- und Leistungsbereitschaft zu signalisieren. Das gilt für den Sport, wenn sie z. B. Erfolge erzielt oder Jugendmannschaften trainiert haben, für ehrenamtliche Engagements in Vereinen, kirchlichen Einrichtungen, Interessengruppen etc.

Experten-Tipp

Außerberufliche Kompetenz mit Gewinn für die Berufstätigkeit

Überlegen Sie, bei welchen privaten Aktivitäten Sie Kompetenzen gewinnen konnten, die auch beruflich relevant sind: Teamsportarten und -aktivitäten fördern das Gruppen- und Kommunikationsverhalten, Ausdauersport signalisiert Durchhaltevermögen, Extremsportarten bedeuten Mut und die Fähigkeit, an die eigenen Grenzen gehen zu können. Musik und andere künstlerische Aktivitäten fördern die Kreativität usw. Rücken Sie diese Dinge in den Vordergrund. Preise und Auszeichnungen sollten Sie ruhig nennen.

Erfülltes Privatleben als Ausgleich

Hobbys stehen aber auch für ein erfülltes Privatleben und vielfältige Interessen. Auch Manager brauchen einen Ausgleich. Obwohl der Eindruck entstehen mag, dass Unternehmen ihre Mitarbeiter gern rund um die Uhr im Einsatz hätten, wissen sie durchaus, was es für die Leistungsfähigkeit bedeutet, bei Hobbys abschalten zu können und einen Ausgleich zur Berufstätigkeit zu haben.

Zur abschließenden Überprüfung können Sie nachfolgende Checkliste heranziehen, die Sie selbstverständlich auch wieder auf Ihrer CD-ROM finden und bequem für sich ausdrucken können. Kontrollieren Sie alles Punkt für Punkt und haken Sie alles ab, das Sie berücksichtigt haben.

Checkliste: Lebenslauf	**ja**	**nein**
Leicht lesbarer Schrifttyp	✓	
Nur ein Schriftyp		
Gezielte, aber sparsame Hervorhebungen mit Fettsatz oder Unterstreichungen		
Zeilenabstand einzeilig		
Seite nicht überfachtet		
Gleichmäßige Textverteilung auf allen Seiten		
Klare Struktur, einheitlicher Aufbau		
Zweispaltiger Aufbau		
Prägnant und auf das Wesentliche beschränkt		
Nicht mehr als 30 Zeilen pro Seite		
Gliederungsebenen durch größere Schrift hervorgehoben		
Einzelne Gliederungspunkte (Ausbildung, Berufserfahrung etc.) durch zwei Leerzeilen voneinander getrennt.		
Stationen innerhalb eines Gliederungsschwerpunktes durch eine Leerzeile getrennt		
Unterschiedliche Schwerpunkte innerhalb einer Station durch eine oder ein halbe Leerzeile getrennt		
Zeitangaben mit vollen Monaten und Jahren		
Keine Lücken im chronologischen Ablauf		

Etwaige Lücken sinnvoll begründet		
Die für die Zielposition relevanten Aspekte wurden betont, auf überflüssiges verzichtet		
Erfolge und Ergebnisse aufgeführt		
Sprachlich eingängig und leicht verständlich		
Auf nicht allgemein verständliche Spezialbezeichungen verzichtet		
Nur gängige Fremdwörter, Fachbegriffe und Abkürzungen verwendet		
Jede Station im Lebenslauf nur unter einem Gliederungspunkt aufgeführt		
Auf überflüssige Zeichen, Zahlen (Seitenzahlen) und Wörter (Adresswiederholung) verzichtet		
Rechtschreibung und Interpunktion sorgfältig überprüft		

Muster Lebenslauf

Bei dem folgenden Lebenslauf sollten Sie ähnlich vorgehen wie bei den Musteranschreiben. Fragen Sie sich:

- Wie wirkt die Gestaltung der Unterlagen auf mich?
- Ist die Texteinteilung auf dem Blatt gefällig?
- Spricht mich das Dokument so an, dass ich es wirklich lesen will?
- Kann ich wichtige Informationen auf den ersten Blick erfassen?
- Erhalte ich beim Lesen wichtige Informationen zum Bewerber, kann ich mir ein gutes Bild von ihm machen?

Das folgende Beispiel zeigt einen gut strukturierten und übersichtlichen gegenchronologischen Lebenslauf.

Praxis-Beispiel

Ralf Meier – Bewerbung als Projektleiter

LEBENSLAUF

Persönliches	
	geboren am 06.01.1974 in Wuppertal ledig, eine Tochter, 2 Jahre alt
Berufstätigkeit	
seit Okt. 2001	als wissenschaftlicher Mitarbeiter am Institut für Molekularbiologie der Medizinischen Einrichtungen der Universität-Gesamthochschule Wuppertal tätig
Promotion	
Okt. 2001–vorauss. Sept. 2004	Promotion zum Thema: „Der Adenovirus-Serotyp 12 E2-Promotor: Ein Modell zur Untersuchung der Modulation des dBBK/PPA-Signalwegs" **Abschluss: Dr. rer. nat.**
Hochschulausbildung	
Aug. 1996–Okt. 2001	Studium der Biologie an der Ruhr-Universität Bochum externe Diplomarbeit am Institut für Molekularbiologie der Medizinischen Einrichtungen der Universität-Gesamthochschule Düsseldorf zum Thema: „Regulation der frühen Pro-3e-Promotoren durch die E12 D1-Moleküle" **Abschluss: Diplom-Biologe (Note: 1,3)**
Schul- und Berufsausbildung	
Aug. 1980–Juni 1984	Grundschule Haus-Berge, Wuppertal
Aug. 1984-Juli 1990	Realschule Bertha-Krupp, Wuppertal **Abschluss: Fachoberschulreife**
Aug. 1990–Mai 1993	Gymnasium Stoppenberg des Bistums Wuppertal **Abschluss: Allgemeine Hochschulreife**

Juli 1993–Mai 1996	Ausbildung zum Ver- und Entsorger – Fachrichtung Abwasserentsorgung bei der Ruhrkohle AG **Abschluss: staatlich geprüfter Ver- und Entsorger (Note: 2,0)**
Berufliche Weiterbildung	
seit 2002	stetige Teilnahme und Präsentation neuester Forschungsergebnisse auf Kongressen im In- und Ausland
Jan. 2002–Aug. 2002	English for the Office II; Berlitz (Sprachen-institut)
Aug. 2002–Nov. 2003	English for Business and Commerce; London School of Business
Juli 2004	MS-Project 98 und Grundlagen des Projektmanagements; Förderungsakademie des Landes NRW
Fähigkeiten, Kenntnisse, Interessen	
Sprachen:	**Englisch:** - fließend in Wort und Schrift - verhandlungssicheres Naturwissenschafts-englisch - sehr gute Kenntnisse im Business-Englisch **Latein**
EDV:	sehr gute Kenntnisse in Windows 95, 98 und 2000, MS-Office-Paket sowie gängigen Text-, Grafik-, Tabellenkalkulations- und Internet-programmen, digitaler Bildverarbeitung
Hobbys:	Sport, Schlagzeug spielen in der Band „Kings and Queens"
Auslandserfahrung	
	berufliche Auslandserfahrungen in Amerika, England und Schweden über die Mitwirkung bei internationalen Kongressen und die Zusammenarbeit mit internationalen Projekt- und Kooperationspartnern
Neuss, 15.08.2004	

Auf Ihrer CD-ROM finden Sie Muster für Ihren Lebenslauf und weitere Beispiele.

Alternativen zum qualifizierten Lebenslauf

Der biografische Lebenslauf

Neben dem qualifizierten Lebenslauf können Sie auch einen biografischen erstellen. Das ist ein Lebenslauf in Kurzform, der lediglich die Biografie des Bewerbers wiedergibt und somit auf eine Seite beschränkt sein kann.

Aufbau biografischer Lebenslauf

Der Aufbau ist dem des qualifizierten Lebenslaufs vergleichbar:

- **Struktur: zweispaltiger Aufbau**: links die Zeitangaben, rechts die Detailangaben zu den Lebenslaufstationen. Gliederungsebenen müssen nicht, können aber gemacht werden. Die Angaben werden auf die Basisinformationen reduziert:
- **Titel**: Lebenslauf
- **Persönliche Daten**
- **Schulbildung**: Zeitangabe, Schultyp, Abschluss
- **Ausbildung**: Zeitangabe, Ausbildungsberuf, Unternehmen, Ort, Abschluss
- **Studium**: Zeitangabe, Studienfach, Hochschule, Ort, Abschluss
- **Berufstätigkeit**: Zeitangabe, Position, Unternehmen, Ort
- evtl. **besondere Kenntnisse** (Sprachen, EDV usw.) und **Hobbys** (nur wenn ausreichend Platz vorhanden ist)

Diese Form des Lebenslaufs vermittelt nur sparsame Informationen. Sie können damit nicht wirklich für sich werben, Ihre Kompetenzen nicht in den Vordergrund rücken und nicht zeigen, dass Sie zum Unternehmen passen. Verwenden Sie einen solchen Lebenslauf, wenn Sie wirklich viel zu bieten haben und zu den am Markt gefragten Bewerbern gehören. Trotz der knappen Informationen wird man sich dann mit Ihnen beschäftigen.
Bei einer E-Mail Bewerbung wird oft empfohlen, nur einen Kurzlebenslauf mitzusenden. Hier ist die Gefahr groß, dass der positiv werbende Effekt zu

gering ist. Wenn Sie diese Kurzform für Ihre ersten E-Mail-Anfragen bei Unternehmen nutzen wollen, sollten Sie darauf hinweisen, dass Sie mit den kompletten Bewerbungsunterlagen einen qualifizierten Lebenslauf zur Verfügung stellen.

Der handschriftliche Lebenslauf

Sie können Ihren Lebenslauf auch prosaisch (also im Volltext) chronologisch darstellen; das ist heute allerdings eher unüblich. Die klassische prosaische Darstellung erfolgt handschriftlich, was jedoch – falls gewünscht – in den Stellenanzeigen explizit gefordert wird. Der prosaische Lebenslauf hat den Vorteil, dass man sich zwingen muss, Wesentliches kurz und verständlich darzustellen. Beschränken Sie sich bei der Erstellung auf maximal zwei Seiten; alles, was darüber hinausgeht, hinterlässt eher einen schlechten Eindruck.

Experten-Tipp

Wie wirkt meine Bewerbung auf andere?

Lassen Sie Ihren Lebenslauf und alle anderen Unterlagen von einem Bekannten lesen. Wie wirken die einzelnen Schreiben auf ihn, welche Informationen gewinnt er, wo interpretiert er was wie, welche Fragen hat er?

Wann füge ich eine „dritte Seite" an?

Praxis-Beispiel

Nicht alles in den Lebenslauf

Guido P. hat schon viel berufliche Erfahrung gesammelt und viele Kompetenzen erworben. Verständlicherweise will er diese auch in seine Bewerbungsunterlagen aufnehmen. Aber alles in den Lebenslauf? Wird der dann nicht sehr lang und unübersichtlich? Guido P. hat schon mal von anderen Möglichkeiten gehört und will sich darüber informieren. ◂

Was ist eine „dritte Seite"?

Anlage für wichtige Details

Die „dritte Seite“ ist eine ergänzende Anlage zu Ihrem Lebenslauf. Damit gewinnen Sie Raum, weitere Ihnen wichtige Informationen zu Ihrer Person, Ihrer Berufstätigkeit oder zu besonderen Leistungen aufzuzeigen.
Vorteil einer erweiterten Anlage ist, dass Sie wichtige Informationen separat aufführen können. Sie vermeiden so, alles in den Lebenslauf zu packen und diesen zu überfrachten. Ihr Lebenslauf bleibt übersichtlich, klar strukturiert und leicht lesbar. In ihm stehen die unentbehrlichen Informationen. Aussagekräftige Details finden sich in den erweiterten Anlagen.

Experten-Tipp

Leserfreundlich

Der Leser kann selbst entscheiden, welche Informationen er zu einer detaillierten Einschätzung Ihrer Person lesen will. Sie zwingen ihn nicht, sich durch unübersichtliche Texte zu arbeiten – was er vielleicht sogar verweigern würde. ◂

Was kann die „dritte Seite" enthalten?

In die erweiterte Anlage können Sie verschiedene Inhalte aufnehmen z. B.:

1. „Zu meiner Person"
2. „Aufgaben und Tätigkeitsbeschreibung in der letzten Position"
3. „Projekt-/Projektleitungserfahrungen"
4. „Verzeichnis von Publikationen"
5. „Referenzliste"

Zu meiner Person

Was zeichnet Sie aus?

Der Gliederungspunkt „Zu meiner Person" auf der „dritten Seite" beinhaltet eine differenzierte Beschreibung, wie Sie sich als Person oder Persönlichkeit sehen. Hier haben Sie z. B. Gelegenheit aufzuführen,

- welche Stärken Sie haben,
- wodurch Ihr Arbeits- und soziales Verhalten gekennzeichnet ist,
- was Sie motiviert.

Zu diesen Ausführungen gibt es unterschiedliche Meinungen. Von den Einen wird sie geschätzt, von Anderen als Unterlage mit geringem Mehrwert gesehen, da kein Bewerber etwas Schlechtes über sich schreiben würde. Einen Informationswert hat dieser Punkt, finden wir, sicherlich allein schon deshalb, weil es gar nicht so einfach ist, über sich selbst etwas zu schreiben. Wie ein Bewerber diese Aufgabe löst, vermittelt durchaus einen interessanten Einblick.

Experten-Tipp

Lügen lohnen sich nicht

Fügen Sie eine „dritte Seite" zu Ihrer Person bei, sollten Ihre Aussagen der Wahrheit entsprechen. Rechen Sie damit, dass man nachfragt. Auf Fragen können Sie nur dann souverän antworten, wenn das, was Sie geschrieben haben, der Wahrheit entspricht.

Nachfolgendes Beispiel können Sie als Anregung nutzen:

Praxis-Beispiel

Was Sie noch von mir wissen sollten ...

Im Rahmen meiner wissenschaftlichen Tätigkeit war ich bei verschiedenen interdisziplinären Projekten mit der Projektleitung betraut, die hohe Anforderungen an meine Eigeninitiative, Teamfähigkeit und Flexibilität stellten. Dabei erwarb ich die Fähigkeit, mich in kürzester Zeit in neue Projekte und Aufgabengebiete hineinzudenken und zielorientierte Lösungsstrategien zu entwickeln. Hierbei haben mir vor allem meine schnelle Auffassungsgabe, meine ständige Lernbereitschaft, meine Kontaktfreudigkeit sowie meine Organisationsfähigkeit sehr geholfen. Fähigkeiten, die es mir ermöglichen, in neuen und schwierigen beruflichen Situationen immer wieder zu sehr zuverlässigen und anerkannten Ergebnissen zu kommen.

Meine Motivation

Mein Entschluss, trotz bestehender Möglichkeiten nicht weiterhin in der Wissenschaft tätig zu sein, stellt für mich eine wichtige Entscheidung für meine berufliche Weiterentwicklung dar. Im Rahmen meiner beruflichen und persönlichen Zielsetzung bin ich davon überzeugt, dass dies genau der richtige zukunftsweisende Schritt ist. Mein Berufsziel ist es, mit Engagement und Leistungsbereitschaft langfristig die kompetente, verantwortungsvolle und innovative Aufgabe als Projektleiter in Ihrem Unternehmen zu übernehmen. Ich möchte mich auf diesem Gebiet engagieren und meine Fähigkeiten, Kenntnisse und Erfahrungen zum Nutzen und zur Fortentwicklung Ihres Unternehmens einsetzen.

Neuss, 15.08.2004

Der Bewerber legt seine Kompetenzen schlüssig dar und begründet seinen Wechsel von einem wissenschaftlichen Aufgabengebiet in ein Wirtschaftsunternehmen nachvollziehbar. Damit verhindert er, dass der Leser seiner Bewerbungsunterlagen zu sehr spekuliert, warum er nicht mehr wissenschaftlich tätig sein will.

Aufgaben- und Tätigkeitsbeschreibung

Für Arbeitgeber ist es natürlich besonders interessant, welche Aufgaben genau Sie in Ihrer letzten bzw. aktuellen Position wahrgenommen haben/wahrnehmen. Das erleichtert es einzuschätzen, in welchem Umfang Sie die Aufgaben der zu besetzenden Position in kurzer Zeit wahrnehmen könnten. Hier erfährt das Unternehmen viel über die fachlichen, aber auch die sozialen Kompetenzen, die Sie erwerben konnten.

Verantwortung und Erfolge

Achten Sie darauf, dass Sie bei Ihrer Tätigkeitsbeschreibung nicht einfach nur Aufgaben auflisten, sondern Ihre Verantwortung und Ihre Ergebnisse bzw. Erfolge deutlich machen. Sie wollen den Leser von Ihren Kompetenzen überzeugen und ihm nicht einfach nur darstellen, welche Aufgaben zur Position XY gehören.

Experten-Tipp

Ins richtige Licht rücken

Achten Sie darauf, insbesondere auf die Aufgaben- und Verantwortungsbereiche einzugehen, die für die zu besetzende Position relevant und von Bedeutung sind.

Im Folgenden finden Sie den Auszug einer Tätigkeitsbeschreibung. Den vollständigen Text entnehmen Sie bitte Ihrer CD-ROM. Selbstverständlich können Sie ihn von dort auch über Ihren PC-Drucker ausdrucken.

Tätigkeitsbeschreibung: Hauptaufgaben und Projekte in der aktuellen Position

1. Betreuung und Organisation der betrieblichen Weiterbildung

- Systematisierung der betrieblichen Weiterbildung
  - Bedarfsorientierte Weiterbildungsplanung
  - Weiterbildungsbewertung
- Personalentwicklungs- und Weiterbildungsberatung von Führungskräften
  - Erarbeiten von Konzepten und Materialien zur Unterstützung der Führungskräfte vor Ort
  - Unterstützung und Beratung bei der Auswahl externer Weiterbildungen
- Auswahl externer Weiterbildungsanbieter für die Durchführung interner Trainingsmaßnahmen
- Organisatorische Abwicklung aller Weiterbildungsaktivitäten
- Weiterbildungscontrolling
- Umsetzung der ISO 9000 ff im Bereich Schulung und Weiterbildung
- Entwicklung eines Konzepts zur kaufmännischen und überfachlichen Weiterbildung der Führungskräfte
- Einführung von unternehmensweiter sprachlicher Weiterbildung
- Durchführung von EDV-Schulungen für Windows, Word und Excel

2. Einführung und Betreuung des Zielvereinbarungs- und Beurteilungssystems

- Organisation der Umsetzung
- Schulung von Führungskräften und Mitarbeitern
- Laufende Betreuung und Auswertung
- Unterstützung bei der Umsetzung der Personalentwicklungsempfehlungen

(...)

Anmerkung zur Tätigkeits-beschreibung

Der Bewerber beschränkt sich bei der Tätigkeitsbeschreibung auf die Inhalte. Noch besser wäre es, wenn er auch seine Verantwortung deutlich machen würde. Pluspunkte könnte er auch durch die Darstellung von Ergebnissen gewinnen. Der Stil ist sehr sachlich und ein wenig trocken, was daran liegt, dass der Verfasser viele Substantive und wenig Verben benutzt hat.

Auf Ihrer CD-ROM finden sie Formatvorlagen für Ihre „dritte Seite" und weitere Beispiele.

CD-ROM

Qualifikationsprofil

Kompetenzen und Fähigkeiten

Versenden Sie lediglich einen biografischen Lebenslauf, können Sie Ihre Unterlagen durch ein Qualifikationsprofil ergänzen. In ein solches Profil nehmen Sie Ihre für die Zielposition erforderlichen Kompetenzen und Fähigkeiten auf und belegen sie durch Aufgaben, die Sie übernommen haben. Hier geht es im Gegensatz zur „Personenbeschreibung" nicht um eine persönliche Einschätzung, sondern um die Tätigkeit und in eventuellen Weiterbildungen erworbene Qualifikationen. Diese können sich beziehen auf:

- Projektmanagement
- Führungskompetenz
- Verkaufskompetenz
- Präsentationskompetenz
- Moderationskompetenz
- Sprachen
- EDV-Kenntnisse etc.

Das folgende Beispiel verdeutlicht die möglichen Inhalte eines Qualifikationsprofils.

Praxis-Beispiel

Qualifikationsprofil Christian Müller

Projektplanung

Mitentwicklung einer Gesamtprojekt-Strategie/Planung von Zeiten, Dauern, Leistungen, Ressourcen/Einplanung Logistik (Versuchsfeld, Forschungsschiffe)/Planung der Analysen, Fertigstellung, Berichterstattung

Laborpraxis

Alle organischen/anorganischen analytischen Methoden/Vorbereitung von geologischen/biologischen Proben/Umgang mit modernsten Geräten/Instrumenten/chemische Aufarbeitungsmethoden im Spurenbereich/Umsetzung der Messergebnisse (Dateninterpretation)/Durchführung von Ad-hoc-Analysen

Präsentation

Statusprojekte an den Projektträger/Sensibilisierung anderer Disziplinen für das aktuelle Projekt/Internationale Kommunikation der Projektergebnisse/Durchführung von Seminaren und Vorlesungen

Teamarbeit

Abstimmung des Vorgehens in interdisziplinären Teams/großes Interesse an fachfremden Disziplinen/Einarbeitung und Anleitung der technischen Angestellten/Tutor von Praktikanten und Diplomanden

EDV/Sprachen

MS-Word und Excel, Statistik: Systat für Windows, Sigma Plot, Grapher, Canoco

Englisch konversations- und präsentationssicher/Basiskenntnisse in Französisch und Spanisch

Interessen

Golf, Tennis/moderne Kunst

Experten-Tipp

Richtig dargestellt

Halten Sie Ihr Qualifikationsprofil prägnant und übersichtlich. Auch hier bietet sich ein zweispaltiger Aufbau an. Dieser ermöglicht dem Leser, wesentliche Aussagen schnell zu erfassen. Konzentrieren Sie sich auf die für die Position oder Branche relevanten Schlüsselqualifikationen.

Experten-Tipp

Online-Bewerbung

Ihr Qualifikationsprofil können Sie mit einem Kurzlebenslauf für Ihre E-Mail-Bewerbungen und -Erstanfragen nutzen.

Verzeichnis der Publikationen

Insbesondere wenn Sie aus einem wissenschaftlichen Tätigkeitsbereich kommen, ist für das einstellende Unternehmen interessant, mit welchen Themen Sie sich auseinander gesetzt haben. Bewerben Sie sich wieder auf eine wissenschaftliche Position, ist die Auflistung aller Veröffentlichungen ein Muss. Dabei sollten Sie die Publikationen, die das Themengebiet, für das Sie sich bewerben, betreffen, besonders hervorheben.

Bewerbung bei Wirtschaftsunternehmen

Anders ist es, wenn Sie sich bei einem Wirtschaftsunternehmen bewerben. Eine zweiseitige Aufstellung Ihrer Publikationen betont Ihre wissenschaftliche Ausrichtung zu sehr und wirkt für ein Unternehmen eher unpassend. Hier sollten Sie eine Auswahl aus Ihren Publikationen aufnehmen und sich dabei auf die Themen beschränken, die Ihre Kompetenz in dem fraglichen Aufgabengebiet unterstreichen.

Wenn Sie Publikationen angeben, achten sie auf die richtige Schreibweise der Literaturangaben:

Praxis-Beispiel

Beispiel Literaturangaben

Lorenz, M.: Treffsicher identifizieren: Die 7 Regeln professioneller Interviewführung, Freiburg, Haufe Verlag, Accounting 11/2001, 13

Lorenz, M. und Rohrschneider, U.: Personalauswahl – schnell und sicher Top-Mitarbeiter finden, Planegg, Haufe Verlag, 2002

Referenzliste

Gern können Sie in Ihre Bewerbung auch Referenzgeber aufnehmen. Sie sollten aber vorab mit diesen Personen sprechen, ob sie bereit sind, sich mit einem potenziellen neuen Arbeitgeber zu unterhalten und über Ihre Arbeit und Leistungen Zeugnis abzulegen.

Welche Zeugnisse müssen zu den Unterlagen?

Praxis-Beispiel

Zu viele Unterlagen?

Michael K. hat in seinem Leben schon mehrmals den Job gewechselt und einige Arbeitszeugnisse erworben. Er verfügt auch über Zeugnisse für mehrere Praktika, die er während des Studiums und in seiner Schulzeit absolvieren musste. Er blättert die Unterlagen durch und fragt sich, ob ein Personalentscheider wirklich alle diese Unterlagen ansehen will.

Muss ich wirklich alles belegen?

Grundsätzlich gilt: Ja, aufgeführte Lebenslaufstationen müssen mit Zeugnissen lückenlos belegt werden.
Das grundsätzliche Ja kann aber eingeschränkt werden. Zum einen wird bei den Schulzeugnissen nur der Nachweis des höchsten Schulabschlusses verlangt. Darüber hinaus ist die Einschränkung abhängig davon, wie lange Sie schon berufstätig sind, wie viele verschiedene berufliche Stationen Sie in Ihrem Lebenslauf aufzeigen können und wie viele Belege Sie insgesamt haben (Weiterbildungsnachweise etc.). Zu den Zeugnissen zählen:

Zeugnisse

- Zeugnisse Ihrer bisherigen Arbeitsverhältnisse
- Zeugnisse Ihrer Ausbildung
- Zeugnisse von Schulen/Hochschulen
- Nachweise über Weiterbildungen und Zusatzqualifikationen
- Unterlagen über Ehrungen, Preise etc.

Wenn Sie bereits sehr lange berufstätig sind, können Sie alte Nachweise von Praktika oder Jobs und auch alte Weiterbildungsnachweise zunächst weglassen. Fügen Sie eine Aufstellung bei, welche Zeugnisse Sie bei Interesse gern nachreichen.

Reihenfolge

Chronologisch oder nach Schwerpunkten

Sie können die Zeugnisse chronologisch oder nach Schwerpunkten abheften. Bei wenigen Zeugnissen bietet die chronologische Sortierung die beste Übersicht und Orientierung für den Leser.

Experten-Tipp

Richtige Reihenfolge

Das neuste Zeugnis kommt an die erste Stelle, sodass es als Erstes gelesen wird.

Wenn Sie sehr viele Zeugnisse haben, kann es übersichtlicher sein, sie nach den Schwerpunkten Arbeits-, Ausbildungs-, Hochschul-, Schulzeugnisse und Weiterbildungsnachweise zu sortieren. Die Reihenfolge der Schwerpunkte hängt wiederum davon ab, was für den Arbeitgeber von Interesse ist. Wenn Sie seit zehn Jahren berufstätig sind, ist Ihr Schulzeugnis von geringem Interesse, kann also nach ganz hinten. Weiterbildungsnachweise sind für Ihre Qualifikation wichtiger und kommen entsprechend hinter die Arbeitszeugnisse oder hinter das Ausbildungs-/Hochschulzeugnis.
Die Regel lautet: Sortieren Sie Ihre Zeugnisse nach der Bedeutung für den potenziellen Arbeitgeber. Auf welche Zeugnisse wird er schnellen Zugriff haben wollen, weil sie Ihre für die Position wesentlichen Kompetenzen belegen? Halten Sie aber weitgehend eine chronologische Sortierung ein.

Allgemeine Regeln

Insgesamt sollten bei der Zusammenstellung und Versendung Ihrer Zeugnisse Sie folgende Aspekte beachten:

Keine Originale

- Verschicken Sie niemals Originale. Auch ohne böse Absicht kann auf dem Postweg oder im Unternehmen etwas verloren gehen.

Ordentliche Kopien

- Versenden Sie nur sehr ordentliche Kopien. Sie erwecken sonst schnell den Eindruck, dass Sie viele und scheinbar erfolglose Bewerbungen schreiben und die Kopien schon x-mal genutzt haben. Auch hier steht Qualität für Wertschätzung.

Keine Beglaubigung

- Für Ihre Bewerbungsmappe müssen Sie Zeugnisse nicht beglaubigen lassen. Beglaubigte Abschriften einzelner Unterlagen fordern Unternehmen erst dann an, wenn es konkret um die Einstellung geht (und meist gar nicht).

Ausländische Zeugnisse

- Ausländische Zeugnisse müssen Sie übersetzen lassen (diese Übersetzung sollte beglaubigt sein).
- Wenn Sie viele Zeugnisse haben, empfiehlt es sich, eine Anlagenübersicht zu erstellen.
- Bei vielen Zeugnissen können Sie die Schwerpunkte durch Trennblätter übersichtlich ordnen. Sie erleichtern es dem Leser, sich in Ihren Unterlagen zurechtzufinden.

Hier ein Beispiel für ein Anlagenverzeichnis:

Praxis-Beispiel

Anlagenverzeichnis

Arbeitszeugnisse/berufliche Tätigkeiten:

- Zeugnis der Giesen und CO Privatbank
- Zeugnisse der DUBA Farbenwerke
  – als Diplomandin
  – Tätigkeit als freie Mitarbeiterin
  – Tätigkeit als Praktikantin
- Zeugnis Universität Wuppertal, Tätigkeit als Studentische Hilfskraft
- Zeugnis allgemeines Krankenhaus Wuppertal
- Zeugnis Kinderkrankenhaus Krefeld
- Zeugnis Kinderkrankenhaus Mönchengladbach

Schul- und Ausbildungszeugnisse:

- Diplom-Zeugnis Bergische Universität-Gesamthochschule Wuppertal
- Fachoberschule für Sozialpädagogik u. Sozialarbeit
- Abschlusszeugnis Kinderkrankenpflege–Ausbildung

Weiterbildungsnachweise:

- Trainerausbildung
- Führung- und Organisationsentwicklung
- Ausbildereignungsprüfung
- NLP Practitioner Ausbildung

Was empfehlen Profis aus der Personalberatung?

Gespräch mit Personalberater

Praxis-Beispiel

Susanne T. verlässt gerade das Büro eines Personalberaters. Sie wurde von ihm auf eine interessante, vakante Position angesprochen. Heute gab es das erste Gespräch. Je länger sie über das Gespräch nachdenkt, desto mehr reizt es sie zu wissen, was dieser Personalberater und seine Kollegen Bewerbern wie ihr empfehlen würden.

Personalberater geben Ihnen Tipps

Wir haben für Sie mit unseren Kollegen aus der Personalberatung gesprochen und sie gefragt, was sie Bewerbern mit auf den Weg geben würden. Die nachfolgend zusammengetragenen Tipps (O-Ton) stammen also von Beratern, die sich mit nichts anderem beschäftigen, als Personal für ihre Kundenunternehmen zu suchen und die besten Bewerber auszuwählen.

Therese Balzer, NICCON Consulting

Dont's bei Headhuntern

Was Sie vermeiden sollten

- Vermeiden Sie beim ersten Kontakt allzu lange Selbstdarstellungen.
- Seien Sie vorsichtig mit Forderungen (überhöhtes Gehalt, bezahlter Umzug etc.).
- Bereiten Sie sich auf einen Rückruf vor, seien Sie erreichbar und nicht überrascht.
- Keine Schauspielerei: *Über*treiben Sie nicht, *unter*treiben Sie nicht!

- Seien Sie nicht zu aufdringlich, lassen Sie einem Headhunter Zeit zu reagieren und sich Ihr Profil anzusehen und zu beurteilen.

Therese Balzer, Executive Consultant
NICCON Consulting GmbH München
therese.balzer@niccon.de

Joachim Stein, Search & Selection GmbH

Worauf Sie achten sollten

Was wichtig ist

- Nehmen Sie Piercings heraus.
- Lassen Sie den anderen kommen.
- Tragen Sie saubere Schuhe mit geraden Absätzen – ein Kunde von mir lässt Kandidaten wegen der Schuhe durchfallen.
- Treffen Sie klare Absprachen über das weitere Vorgehen.
- Bewerber sollen ihre Bewerbung auf das Wesentliche beschränken; ich will keine Bewerbung, die als Paket kommt, mich interessieren keine drei Seiten Seminarbesuche etc.
- Weiße oder rote Socken sind out.

Joachim Stein, Stein Search & Selection GmbH
www.stein-search-selection.de

Norbert Bayerlein, Societät für Unternehmensberatung GmbH

So gehen Sie vor

- Rufen Sie, wenn möglich, vor der Bewerbung erst mal an, stellen Sie Fragen, hinterlassen Sie einen Eindruck und nehmen Sie Eindrücke mit.
- Finden Sie einen Aufhänger für das Anschreiben und prüfen Sie im Telefonat ab, ob die Profile zusammenpassen könnten. Versuchen Sie nicht, auf jeden Fall herauszubekommen, welches Unternehmen hinter

dem Suchauftrag steht, prüfen Sie aber, ob Sperrvermerke angebracht sind.

- Bei Direktansprache: sachlich bleiben und das Profil sehr genau hinterfragen, dann erst Auskünfte geben, wenn es interessant erscheint. Nicht auf „Adressensammler" eingehen.

Norbert Bayerlein
Societät für Unternehmensberatung GmbH
bayerlein@societaet.de

Klaus Wübbelmann, Human Resource Beratung

Eigene Ziele definieren

Auch bei einer Bewerbung kommt es ganz entscheidend darauf an zu wissen, was man will. Selbst in schlechten Zeiten kann man sich unendlich oft bewerben. Die Auswahl der passenden Unternehmen sollte sich in erster Linie an den eigenen Zielen orientieren. Zweit- oder drittbeste Lösungen kann man immer noch wählen! Für die Bestimmung der eigenen Ziele könnten folgende Fragen hilfreich sein:

Fragen zur Zielbestimmung

- Gibt es eine Branche, die mir besonders liegt oder die ich aus anderen Gründen bevorzuge?
- Welche Aspekte eines Unternehmens sind mir besonders wichtig (z. B. Größe, Internationalität, wirtschaftlicher Erfolg, Ruf, Stellung innerhalb der Branche, Karriereperspektiven, Investitionen in Training und Entwicklung; Unternehmenskultur)?
- Welche Art von Tätigkeit liegt mir am meisten (z. B. teamorientiert vs. individuell ausgerichtet; anpackend vs. konzeptionell; nach außen gehend [Markt/Kunden] vs. innenorientiert)?
- Bevorzuge ich bestimmte Standorte?

Adressatenorientiert denken

Die wichtigste Regel für das Bewerbungsschreiben und die gesamte Kommunikation mit einem potenziellen Arbeitgeber ist das Bewusstsein, all das, möglichst aber auch *nur* das mitzuteilen, was für die Ansprechpartner relevant und interessant ist. Das, was für sie am wichtigsten ist, sollte schnell und unübersehbar vermittelt werden. Außerdem ist es wichtig, sich so auszudrücken, wie es den Gepflogenheiten der Branche oder Kultur des Unternehmens bzw. dem persönlichen Stil des Ansprechpartners entspricht.

Individuelle, auf das jeweilige Unternehmen zugeschnittene Anschreiben

Auf keinen Fall ein und dasselbe Standardanschreiben an 127 verschiedene Unternehmen schicken! Jeder Leser wird sie sofort als solche entlarven und sich kaum persönlich angesprochen fühlen (wie sollte er auch ...?).
Daher ist es wichtig, sich ausgehend von den persönlichen Zielen und den Überlegungen, was für den Adressaten wichtig ist, die Zeit für individuelle Anschreiben zu nehmen.

Inhalt und Umfang

Das Anschreiben sollte zwei bis drei Absätze und eine Seite nicht überschreiten und keine (!) Prosadarstellung aller möglichen Erfahrungen und Kompetenzen beinhalten, die der Bewerber/die Bewerberin sich zuschreibt. Dafür sollte es enthalten:

- einige Kernaussagen zum eigenen Erfahrungs-/Kompetenzprofil
- klare Bezüge zur Aufgabe, um die es geht, und möglichst zu den wichtigsten Anforderungen
- Angaben zur Motivation für die Bewerbung
- insgesamt nach der Devise „*Dic cur hic!*“ – „Sag, warum Du hier bist!“

Aufzählung der Kompetenzen auf der ersten Seite

Es kann sehr hilfreich sein, sich für das Bewerbungsanschreiben die zentralen Anforderungen einer Position, die in der Regel aus Stellenanzeigen oder anderen Informationen, ggf. einem vorab geführten Telefonat mit der Ansprechpartnerin/dem Ansprechpartner im Unternehmen, zu entnehmen sind, bewusst zu machen. Vergleichen Sie dann diese Anforderungen mit Ihren Erfahrungen und Kompetenzen und listen Sie alles auf, was Sie für diese Anforderungen als geeignet erscheinen lässt. Priorisieren Sie diese Liste und integrieren Sie die maximal fünf wichtigsten Attribute als ein Kurzprofil (Aufzählung) in Ihr Anschreiben. Wenn Sie das gut machen, wird jeder Leser sich darüber freuen, so schnell zu erfahren, dass es sich lohnen wird weiterzulesen.

Klaus Wübbelmann
Human Resource Beratung
Klaus.Wuebbelmann@t-online.de

Nicoline Beyer, NICCON Consulting GmbH

Dinge, die uns aufgefallen sind

E-Mail-Bewerbungen

- Mails haben meistens einen zu großen Anhang! Ist für eine erste Kontaktaufnahme nicht nötig!
- Oft sind die Anschreiben auch im Anhang und in der Mail steht nichts, außer dem Hinweis auf den Anhang. Sinnvoll wäre ein kurzes Anschreiben und der Rest im Anhang in Form eines CV.
- Häufig wird nicht darauf geachtet, dass man an eine Personalberatung schreibt und nicht an das Unternehmen, das eine Position zu besetzen hat.
- Kandidaten schicken die Mails oft in nicht lesbaren Formaten, am besten sind Word-Dokumente.

Nicoline Beyer
NICCON Consulting GmbH
nicoline.beyer@niccon.de

Thomas Küpper, TWINFIN Institute for Management Consulting

Online-Bewerbungen

Technische Hinweise

- Achtung: Unter Datei/Eigenschaften ist zu lesen, wann die Datei von wem erstellt wurde; Profis schauen dort zuerst hin.
- Zu verwenden sind MS-Word- oder pdf-Dateien.
- Bitte keine Formatierung mit Blanks und Tabs, dies wirkt äußerst unprofessionell. Einen guten Eindruck hinterlassen eine klare und einfache Formatierung mit Tabellen. Zu bevorzugen sind die Schrifttypen Arial (eher modern) oder Times (eher klassisch).

- Unbedingt Fehler jeder Art (Orthografie, Interpunktion etc.) und zu komplexe Satzaufbauten vermeiden, denn die Bewerbung muß schnell „konsumierbar“ sein.
- Vor der Versendung einer Online-Bewerbung optimalerweise mit einem Ansprechpartner telefonieren und zeitnah die Bewerbung hinterhersenden.

Klassische Bewerbungen

- Einseitiges Anschreiben in DIN-Format nach „Sandwichbauweise“, d. h. positiver Anfangssatz, dann die eigentliche Information und positiver Endsatz, der ggf. auch auffordernd (zum Gespräch) sein kann. Bitte Kommunikationsdaten (Postadresse, Mail, Handy, Festnetz, Fax) vollständig aufführen
- Hochwertiges Papier und Mappe (bitte Preisschild entfernen) verwenden
- Foto mit positivem und optimistischem Gesichtsausdruck in Profiqualität
- Zeugniskopien in geordneter Reihenfolge beilegen
- Gegebenenfalls als Anhang zum CV persönliche Eigenschaften kurz beschreiben und/oder die ehemaligen Arbeitgeber (Was war das überhaupt für eine Company?) kurz darstellen

Thomas Küpper, Dipl.-Psychologe
TWINFIN Institute for Management Consulting
Leiter der Karriereberatung www.KarriereKick.de
tk@twinfin.de

Hans-Erich Vonderheid, Personal- und Unternehmensberatung

Richtig bewerben

Vollständigkeit der Unterlagen

Ein vollständiger Bewerbungssatz besteht aus einem Anschreiben, Lebenslauf, den entsprechenden Zeugnissen, einem Foto (beachten: Aktualität) und Hinweisen auf berufsbezogenes Sonderwissen, welches z. B. in Praktika, Sprachen oder PC-Kenntnissen oder auch Ländererfahrung/Auslandsauf-

enthalten besteht. Hinweise auf den „dritten Sportverein“ erübrigen sich. Des Weiteren ist zumindest im Anschreiben zu erwähnen, warum besonders diese Position reizt bzw. welche Besonderheiten Sie für diese Position mitbringen. Die Ist-Gehaltsangabe ist zumindest notwendig, ggf. die Kündigungszeit und – was auch die meisten Bewerber immer noch vergessen – die telefonische Erreichbarkeit.
MERKE: Eine Telefonnummer, die abends nur zwischen 22.00 und 23.00 Uhr anwählbar ist, wird nie angerufen werden!

Aufmachung der Unterlagen

Ledermappen sind nur für „Ministerpräsidenten“ – nicht für normale Bewerber. Die Unterlagen müssen lesbar sein, d. h. schlechte Kopien, handschriftliche Ausführungen bzw. nachträgliche Verbesserungen im Lebenslauf erhöhen nicht gerade die Lesbarkeit. Ebenfalls inakzeptabel sind getackerte Unterlagen, die sich in einer Klarsichthülle befinden und immer wieder herein-/herausgezogen werden müssen. Idealerweise liegen die einzelnen Blätter – chronologisch geordnet – in einem „handelsüblichen“ Schnellhefter. Arbeitsproben mitzusenden ist verpönt – kreative Berufe sind hier ausgenommen; sie können ansonsten im Anschreiben oder im persönlichen Gespräch erwähnt werden.
MERKE: Organigramme der letzen Firma beizulegen erzeugt bei einem Personalberater zwar Interesse, spricht aber nicht unbedingt für den Durchblick des Kandidaten.

Handling

Üblicherweise sollten spätestens 14 Tage nach Erscheinen einer Anzeige – im Printmedium oder online – die Unterlagen beim Berater eingegangen sein. Nach einem ersten Telefonat mit dem Berater, das angeboten wurde, sollte die Unterlage zügig eingehen, da dann das Erinnerungsvermögen des Beraters noch am besten ist.

Zustellung

Die Art der Zustellung erfolgt per Post, per E-Mail und nicht persönlich – von Letzterem ist abzuraten, da der Berater die Zeit mit Bewerbergesprächen und nicht mit der Entgegenahme von Unterlagen verbringen will.
Bei Eingang per E-Mail ist oftmals festzustellen, dass die Unterlagen sich nur auf einen Lebenslauf beschränken, der sehr kurz gefasst ist, nach dem Motto „Wenn Sie interessiert sind, schicke ich mehr!“ – bitte gehen Sie davon aus, dass im Zweifelsfall der den Vorzug bekommt, der die aussage-

kräftigste Unterlage einreicht – es sei denn, es wird explizit eine Kurzversion gefordert.

Nachfassen

Vom Zeitablauf bietet sich auch das Nachfassen an, wenn der Kandidat längere Zeit nichts vom Ansprechpartner/Berater gehört hat bzw. keine Rückbestätigung für den Eingang der Unterlagen erhalten hat. Es könnte ja sein, dass diese auf dem postalischen Weg verloren gegangen oder auch im Netz in „endlose Weiten“ entschwirrt ist.

Hans-Erich Vonderheid
Personal- und Unternehmensberatung
HVonderheid@aol.com

Christian Repplinger, Hirche Personal Career GmbH

Bewerbungsunterlagen

Sie haben maximal zehn Sekunden Zeit, um die Aufmerksamkeit des Empfängers zu erregen. Verschwenden Sie keine Zeit mit Allgemeinplätzen und ausgedehnten Höflichkeitsfloskeln. Konzentrieren Sie sich auf Ihre Fähigkeiten und den Nutzen, der daraus für das Unternehmen entsteht.
"Haben oder Sein?" Den Empfänger interessieren nicht Ihre Titel, sondern Ihre Erfolge, möglichst greifbar und konkret!

Persönliche Ansprache

Mögen Sie anonyme Wurfsendungen? Adressieren Sie nicht "Die Personalabteilung" sondern Menschen und deren Bedürfnisse, auch wenn dies einen erheblichen Aufwand verursacht. Es lohnt sich.
Formulieren Sie Ihre Unterlagen, dann stehen Sie auf und setzen sich an die andere Seite des Tisches. Lesen Sie mit den Augen des Empfängers, nehmen Sie seine Position ein. Was fällt Ihnen auf?

Christian Repplinger
Hirche Personal Career GmbH
C.Repplinger@hirche.de
www.hirche.de

Egmont Amrein und Hans-Erich Vonderheid, Partner bei der EGOR Managementberatung

Bewerbungsvorbereitung Kontakt- und Bewerbungsphase

a) Internet

- Was nervt Sie, wenn Ihnen ein Unbekannter eine E-Mail schickt? Sie können aus dem Betreff nicht sehen, worum es sich handelt, d. h. Sie müssen die E-Mail öffnen. Also im Betreff einen spannenden Bezug aufbauen und das Anschreiben kurz und knapp halten. Es sollten alle Kontaktinformationen (Adresse, Telefonnummer, E-Mail) auf dem Anschreiben erwähnt sein.
- Den Lebenslauf kurz, präzise und übersichtlich halten. Immer an die Nutzendarstellung denken und zu den einzelnen beruflichen Stationen **konkret messbare Erfolge** (z. B. habe dem Unternehmen ABC durch verschiedene Maßnahmen XYZ Mio € p.a. eingespart) darstellen (ist immer besser als lange Ausführungen, was alles gemacht wurde). Vermeiden Sie die Darstellung – zu der viele Führungskräfte neigen – der Erfolge des Teams. **Das Unternehmen will Sie, nicht ihr Team einstellen.** Lebenslauf
- Zeugnisse können mitgeschickt werden, dabei sollte man aber die **Download-Zeit** berücksichtigen und gescannte Unterlagen eher selektiv verschicken. Denken Sie immer an den Nutzen für den Empfänger, d. h. wenn Sie im Lebenslauf bereits etwas dargestellt haben, können Sie sich das Zeugnis im ersten Kontakt sparen. Zeugnisse
- Bieten Sie im Anschreiben telefonische Kontaktaufnahme an, idealerweise auch die Uhrzeit, wann Sie gut erreichbar sind und in Ruhe sprechen können. Telefonische Kontaktaufnahme anbieten

b) Anzeige (Firmeninserat)

- Hier kennen Sie das Unternehmen, die Position und oft auch den Ansprechpartner. Bevor man blind drauflostelefoniert (dazu später mehr), sollte man die goldene Regel 75 % Vorbereitung und 25 % Ausführung beachten.
- Mit anderen Worten: Recherchieren, was das Zeug hält. Gibt es etwas Aktuelles zu diesem Unternehmen im Internet? (Anzeigendienste der Recherchieren Sie

Zeitungen – Handelsblatt, FAZ –, Börseninformationen, Homepage des Unternehmens, Freunde und Bekannte, Geschäftsberichte, etc).

Informationen interpretieren

– Alle Informationen aufschreiben und daraus Schlüsse ziehen, **wenn man sicher ist**: Wie ist die wirtschaftliche Lage des Unternehmens? Gab es einen Führungswechsel? Wie sehen Analysten oder Redakteure das Unternehmen? Kenne ich jemand, der in dem Unternehmen arbeitet, oder jemanden, der jemanden kennt, der...? Welche Informationen zu der Position entnehme ich der Anzeige? (Diese sollten farblich markiert werden mit grün = alles verstanden und rot = Unklarheiten). Wo gibt es Deckungsgleichheiten zu dem, was Sie mitbringen (Nutzenargumentation), und dem, was gefordert ist ? Es ist wichtig, sich ein „Gesamtbild" zu machen, und nicht jede geforderte Qualifikation einzeln zu bewerten. Oft kann man aus der Anzeige nicht die Priorität und die Kausalität der Qualifikationsanforderung bezogen auf das Unternehmen oder den Job verstehen. Zum Beispiel: Warum wird ein Hochschulabschluss bei einem Sachbearbeiter gefordert? Weshalb muss ein Mitarbeiter Rechnungswesen fließende Englischkenntnisse besitzen? **Dabei ist nicht wichtig, ob Sie dies für Unsinn halten – wichtig ist, daraus Schlüsse für Ihre Argumentationskette aufzubauen**: Wenn Sie keine fließenden Englischkenntnisse haben, sollten Sie dies schnell deutlich machen und keine Zeit verlieren, dies mühsam hinzuargumentieren. Entweder es ist ein „Killer" – dann hat sich das Thema erledigt – oder es ist ein „nice to have", dann geht es eben weiter.

Anzeige lesen

Lesen Sie bitte genau in der Anzeige, was gefordert wird. Sind Einkommensvorstellungen gefordert, müssen Sie diese zwar angeben, sollten aber immer eine „Hintertür" einbauen, wenn Sie sich nicht sicher sind, wie die Position dotiert ist. Beispiele wären: Ich stelle mir ein Gesamtpaket von ca. ... € als Jahresgesamtvergütung vor – damit können Sie immer argumentieren, dass Sie Bonus, Firmenwagen, Firmenrente und andere Dinge dort inkludiert haben, und sind nicht auf einen absoluten Betrag festgelegt. Besser ist es, wenn Sie durch die Recherche erfahren, wie insgesamt die Vergütungspraxis in dem Unternehmen ist.

Machen Sie beim Ist- Einkommen realistische Angaben. Bedenken Sie, dass in Personalerkreisen Einkommensvergleiche zum Tagesgeschäft gehören.

Ist ein Eintrittsdatum gefordert, sollten Sie Ihre Kündigungsfrist angeben und in Klammern das Eintrittsdatum. Aus Erfahrung können die eigentlichen „Vorstellungsformalien“ leicht zwei Monate dauern und dann können Kündigungsfristen schon lange überschritten werden.

Last but not least: die berühmte Telefonnummer und Ihr Ansprechpartner

Stellen Sie sich vor Ihrem geistigen Auge den gestressten Menschen vor, der am Montag um 9.00 Uhr in sein Büro kommt, in der Anzeige erwähnt wurde und jetzt jede Menge Anrufe bekommt, die alle so beginnen: „Ich habe am Wochenende Ihre Anzeige gesehen und wollte mich bei Ihnen bewerben ...“
Dazwischen rufen jede Menge Personalberater an und wollen akquirieren. Der Mensch bereut spätestens um 11.00 Uhr, dass er seinen Namen und seine Telefonnummer angegeben hat.
Er hat keine Nerven mehr, sich mit jedem Anrufer im Detail zu beschäftigen, und wird in den meisten Fällen die Empfehlung geben, sich schriftlich zu bewerben. **Mit anderen Worten: Sparen Sie sich die Telefonkosten.**
Wie immer gibt es eine Ausnahme: Wenn Sie einen Bezug zu der Person herstellen können, da Sie ihn, einen Mitarbeiter oder eine sonstige Person im Umfeld kennen und sehr gezielt Fragen zu der Position haben, dann macht es Sinn. **Aber dennoch: Es bleibt die Ausnahme.**

c) Berateranzeige

- Hier erhalten Sie nur Informationen zu der Position, die konkret sind, und einen Ansprechpartner. Im Grunde gilt auch hier das, was oben bezogen auf die Position gesagt wurde. Weniger Rücksicht sollte in Bezug auf eine telefonische Ansprache genommen werden.
- Achtung: Personalberater sind eine Hürde, über die Sie gehen müssen, ob Sie wollen oder nicht, und diese Jungs machen den ganzen Tag nichts anderes, als Gespräche zu führen. Will sagen: Die sind kritischer und auch oft geschickter in der Fragetechnik als Unternehmen selbst. Geben Sie nur dann Informationen weiter, wenn Sie im Gegenzug auch Informationen erhalten. Stellen Sie während des Gesprächs objektiv fest, ob Sie auf die Position passen oder nicht. Vorsicht ist geboten, wenn der Personalberater trotz einem „Nichtpassen“ Ihre

Personaler sind Frageprofis

Unterlagen anfordert. Sie sollten ihn fragen, was damit geschieht. Oft „füttern“ die nur ihre Datenbänke und sonst nichts …

Egmont Amrein und Hans-Erich Vonderheid
EGOR Managementberatung
www.egor-managementberatung.de

Stichwortverzeichnis